Klaus Hübner · LÄRM-REISE

LÄRM REISE

KLAUS HÜBNER

Über musikalische Geräusche und geräuschvolle Musik

Sonnentanz-Verlag

Klaus Hübner
LÄRM-REISE
Über musikalische Geräusche und geräuschvolle Musik

Originalausgabe

Special Thanks

Tanja, Erika, Volker van Well, gelbe Musik, Frank Oehlmann, Atatak, IBM, Jens Artz, Uwe Killemann, Internationales Musikinstitut Darmstadt, WDR Köln, Stadt Witten, die mich, jede/r auf ihrem/seinem Gebiet, unterstützt haben. Zu besonderem Dank verpflichtet bin ich Heiner Frost, der das Manuskript kritisch durchgesehen und mir wertvolle Anregungen und Hinweise gegeben hat.

Für die Überlassung von Fotos geht ein herzliches Dankeschön des Verlags an Klaus Maeck von Freibank, Hamburg, und an Benno Käsmayr vom Maro Verlag, Augsburg.

ISBN 3-926794--12-7
1. Auflage Februar 1992

Sonnentanz-Verlag Roland Kron
Oblatterwallstraße 30a, D-8900 Augsburg

Lektorat:	Albrecht Piltz
Fotorecherche:	Mechthild Hahn, Klaus Hübner, Roland Kron
Umschlagentwurf:	Roland Kron
Gestaltung:	Roland Kron
Satz:	Sonnentanz-Verlag auf Atari/Calamus®
Gesamtherstellung:	Sonnentanz-Druck, Augsburg

Fotonachweis:	CBS	103
	Peter Danson / RecRec Music	83
	Anno Dittmer / Freibank	66
	ECM Records	95, 97
	Allen Ginsberg / Maro Verlag	74
	Peter Gruchot / Freibank	68
	Tanja Hübner	69
	Sogo Ishi / Freibank	64
	Neue Constantin	36, 38
	Westdeutscher Rundfunk	34, 91

Inhalt

Musik wird oft nicht schön gefunden,
weil sie stets mit Geräusch verbunden.

(Wilhelm Busch, Dideldum, 1874)

Den schön'sten Zeitvertreib in unserm ganzen Leben
weiß doch Music allein zu geben.

(Georg Philipp Telemann, 1723)

When the music's over
turn out the lights.

(The Doors, When The Music's Over, 1967)

Bevor Sie mit der Lektüre dieses Buches beginnen, hören Sie "Two Minutes Silence" von John Lennon und Yoko Ono!

1

Die realen Geräusche und der unerträgliche Lärm

Von Christian Morgenstern (1871 – 1914) stammt ein superbes Gedicht, in dem der Poet mit großer Klarsicht den Lärm als einen fruchtbaren Geist apostrophiert:

Lärmschutz

Palmström liebt, sich in Geräusch zu wickeln,
teils zur Abwehr wider fremde Lärme,
teils um sich vor drittem Ohr zu schirmen.

Und so läßt er sich um seine Zimmer
Wasserröhren legen, welche brausen.
Und ergeht sich, so behütet, oft in

stundenlangen Monologen, stunden-
langen Monologen, gleich dem Redner
von Athen, der in die Brandung brüllte,

gleich Demosthenes am Strand des Meeres. [1]

"Lärmschutz" bedeutet bei Morgenstern/Palmström nicht den Schutz vor Lärm, sondern den Schutz durch Lärm. Das Brausen des Wassers behütet den Denker und den still Monologisierenden vor unliebsamen Störungen und Ablenkungen. Sollte denn Lärm doch etwas Gutes an sich haben? Folgen wir den Worten Morgensterns, ist womöglich die gesamte Geschichte des Lärms neu zu schreiben. Dies würde alle Theorien über den Haufen werfen, die sich die Wissenschaft ausgedacht hat, um der Menschheit klar zu machen, wie gefährlich und gesundheitsschädlich Lärm ist. Aber, und dies gilt es zu bedenken, Morgenstern spricht nur vom Brausen der Wasserrohre und nicht etwa von Düsenflugzeugen und Turbinen, von Straßenlärm und Musikbedröhnung, von Errungenschaften also, die zu seiner Zeit noch gar nicht errungen waren. Der alte Galgenvogel hat gewußt, wovon er sprach!

Seit Menschen denken und planen, erfinden und konstruieren, nimmt der Lärm ständig zu. Waren in der Primitivzeit nur die natürlichen Geräusche für das menschliche Ohr vorhanden, wurde mit der Erfindung und Entwicklung von Geräten und Maschinen, Musikinstrumenten und Freizeitutensilien das künstlich erzeugte Geräusch dominierend. Als um 1450 Gutenberg (1400 – 1468) den Buchdruck erfand und 1642 Blaise Pascal (1623 – 1662) eine Rechenmaschine, hielt auch das störende, unangenehme Geräusch Einzug in alle menschlichen Lebensbereiche. Die Allgegenwart der Geräusche setzte sich immer mehr und "lauter" fort, bis heute, wo wir wegen des Lärms von Flugzeugen oder Stanzmaschinen oder Raupenbaggern unser eigenes Wort kaum noch verstehen. Ein Mensch des Mittelalters würde wahrscheinlich angesichts des Lärms, der heute auf uns einwirkt, tot umfallen.

Hinter allen Ecken, Mauern, hinter allen grünen Barrieren, hinter den abgestorbenen Wäldern und ausgetrockneten Regenbecken lauert die Lärmwelle als Quälwelle. Das Ohr mit seinen unerschöpflichen Möglichkeiten und sensiblen Funktionen und seiner Bedeutung für das aktive Er-Leben ist ihr schutzlos ausgeliefert. Es muß alles aufnehmen, ertragen, verarbeiten und filtern, was die Welt an Geräuschen, Tönen und Lärm liefert.

Der Lärm, der uns täglich in den verschiedensten Situationen überfällt, macht krank bis zur Vernichtung: das Schreien der Kinder, das Rütteln des Baggers, das Donnern der Flugzeuge, das Heulen des Windes, das Knattern der Maschinengewehre. Natürlich ist Kindergeschrei für die liebenden Eltern eines Neugeborenen Musik, aber für den Wohnungsnachbarn, der etwa über einer schwierigen mathematischen Aufgabe brütet, ist es nichts als brutaler Lärm und nackte Gewalt.

Dieses Problem ist jedoch kein Kind unserer Zeit; auch unsere Ahnen hat der Lärm, wenngleich in abgemilderter Form, "leiser" sozusagen, an empfindlicher Stelle getroffen. Arthur Schopenhauer (1788 – 1860), der sich wie kaum ein zweiter über Geräusche, die auf ihn eindrangen, echauffieren konnte, schrieb gar ein Traktat gegen den Lärm, in dem er seiner Wut freien Lauf ließ: "...habe ich, als den unverantwortlichsten und schändlichsten Lerm, das wahrhaft infernale Peitschenklatschen, in den hallenden Gassen der Städte, zu denunciren, welches dem Leben alle Ruhe und alle Sinnigkeit benimmt. Nichts giebt mir vom Stumpfsinn und der Gedankenlosigkeit der Menschen einen so deutlichen Begriff, wie das Erlaubtseyn des Peitschenklatschens."[(2)] So nimmt er sich die Kutscher vor, die für den infernalischen

Lärm schließlich verantwortlich sind. Besonders erregt ihn die Tatsache, daß ihn das Peitschengeknalle im Denken beeinträchtigt, ja, es zeitweilig ganz und gar unmöglich macht. "Hammerschläge, Hundegebell und Kindergeschrei sind entsetzlich; aber der rechte Gedankenmörder ist allein der Peitschenknall."[3] Bezeichnenderweise hat Friedrich Wilhelm Nietzsche (1844 – 1900), der sich in seinen frühen Schriften von Arthur Schopenhauer beeinflussen ließ, in einem seiner Hauptwerke den berühmtgewordenen Satz "Du gehst zu Frauen? Vergiß die Peitsche nicht!"[4] geprägt. Wenn das der Schopenhauer noch erlebt hätte!

Was aber ist das Peitschenknallen von damals gegen den Lärm der Automobile, der Flugzeuge, der Stanzmaschinen, der elektrischen Webstühle? Schopenhauer konnte sich durchaus vorstellen, dem lärmfrevelnden Kerl eine Tracht Prügel zu verabreichen, obwohl er doch dafür war, "sämtliche Leibesstrafen"[5] abzuschaffen. Dort, wo wir selbst an empfindlicher Stelle getroffen werden, und sei es "nur" im Ohr, finden gewöhnlich Toleranz und Moral und Humanität ihre Grenzen.

Geräusche sind meßbare Schallereignisse, wohingegen Lärm dann als solcher bezeichnet wird, wenn sich der dem Geräusch Ausgesetzte gestört fühlt. Lärm ist daher durchweg nur individuell erfahrbar. Lärm ist ein Begriff aus der subjektiven Erlebniswelt, die in Tabellen oder Diagrammen kaum darzustellen ist. Hingegen sind die Auswirkungen, die Geräusche für den menschlichen Organismus und die Gesundheit haben und deren Quellen möglicherweise subjektiv durchaus als Lärm bezeichnet werden können, als Meßergebnisse zu definieren.

Aus dem Arsenal der Lärmbekämpfung einige Beispiele: In der "Unfallverhütungsvorschrift Lärm" (1984) des Rheinischen Gemeindeunfallversicherungsverbandes sind Lärmschutzmaßnahmen am Arbeitsplatz zwingend vorgeschrieben. Die kritische Grenze für mögliche Gehörschädigungen ist hier bei 90 dB (A) angesetzt. Eine lange Liste spezieller Lärmminderungsmaßnahmen soll an Arbeitsplätzen wie etwa pneumatischen und hydraulischen Anlagen, in der Blechverarbeitung oder in Schmieden Lärm vermeiden oder abbauen helfen. Auch der Arbeitnehmer selbst muß sich vor den Gefahren durch Lärm schützen; ihm werden Schallschutzmittel wie Gehörschutzstöpsel, Schallschutzhelme oder Schallschutzanzüge zur Benutzung ausgehändigt. Die Geräte und Maschinen, die einen Lärmpegel von 90 dB (A) oder mehr erzeugen können, scheinen einem Katalog des Inventars der Industriegesellschaften zu entstammen: Vibrationsverdichtungsmaschinen, Ringspinnmaschinen, Druckluftstampfer, Hohlglasblasvoll- und halbautomaten, Blockbandsägen, Lederfräsmaschinen – samt und sonders Beispiele aus der "Unfallverhütungsvorschrift Lärm – GUV 9.20".

Unser Ohr muß alles aushalten; es hört hin, ob es will oder nicht. Es versucht zwar, nicht zu hören, und kann sich doch nicht verschließen. Es ist immer aufnahmebereit und -fähig und aus medizinischer Sicht einer ständigen Vergewaltigung ausgesetzt. Lärm ist ebenso allgegenwärtig wie, je nachdem, störend, schmerzhaft, gesundheitsschädlich, überflüssig und vermeidbar.

Geräusche, die mit ihrer penetranten Unendlichkeit das Trommelfell zerschlagen, lassen uns Abkehr nehmen von der Welt. Die folgenden Zeitungsnotizen[6] liefern nur einige Beispiele dafür, in welchem Ausmaß der Lärm in unsere intimsten Lebensbereiche Einzug gehalten hat und damit, nebenbei, auch Juristen nicht arbeitslos werden läßt:

FÜR SIE NOTIERT

Rote Karte dem Lärm!

Von KLAUS HEINEMANN

Lärm wird zunehmend nicht nur als störend empfunden, Lärm kann auch Auslöser von Krankheiten sein. Folglich haben sich die Gerichte immer wieder mit Fragen der Lärmbelästigung zu befassen. So hat jetzt das Verwaltungsgericht Berlin (AZ: 13 A 357/86) den Fußballbesessenen folgendes ins Stammbuch geschrieben: „... an Sonn- und Feiertagen ist in der Spanne von 12 bis 15 Uhr eine zweistündige Spielpause einzulegen". In der Begründung heißt es außerdem, der Anwohner eines Fußballplatzes habe auch dann grundsätzlich „Abwehransprüche" gegen den von dort ausgehenden Lärm, wenn das von ihm bewohnte Haus erst nach Errichtung des Spielplatzes gebaut worden ist. Das Gericht besteht außerdem darauf, daß von Montag bis Freitag ab 20 Uhr die Spieler den Ball unter den Arm nehmen und nach Hause gehen.

Ein aktuelles Urteil vom Amtsgericht Neuss (AZ: 36 C 232/88) beschäftigt sich ebenfalls mit dem Lärm. Wie einer Mitteilung des Zentralverbandes der Deutschen Haus-, Wohnungs- und Grundeigentümer zu entnehmen ist, hat danach auch während der „ruhefreien Zeiten", wie die Juristen das nennen (8 bis 13 Uhr und 15 bis 20 Uhr), der Wohnungsnutzer nicht das Recht, unbegrenzt Lärm zu machen. Damit hat das Gericht jetzt durch einen quasi rechtsverbindlichen Appell zu mehr Rücksicht untereinander aufgefordert. Außerdem stellte das Gericht fest, daß das Spielen eines fünfjährigen Kindes im Hause wegen der damit „verbundenen Geräusche des Laufens und Trampelns vom Nachbarn in den Abendstunden ab 20 Uhr nicht mehr hinzunehmen" sind. Damit solle ein Interessenausgleich zwischen dem Bedürfnis nach Ruhe und dem natürlichen Bewegungsdrang von Kindern herbeigeführt werden.

Popmusik überreizt die Ohren

Forscherin: Disko-Lärm führt zu unheilbaren Gehörschäden

NRZ-Wissenschaftsredaktion

AMSTERDAM. Allein in den Niederlanden erleiden jährlich 14 000 junge Menschen Gehörschäden durch Popkonzerte, Diskogedröhn und Walkman-Beschallung. Hinzu kommen 8000 Popmusiker – meist Amateure. Dies ergab eine Untersuchung der Medizin-Physikerin Dr. Willij Passchier-Vermeer vom TNO-Institut für Gesundheitsvorsorge in Leiden.

Die Forscherin hat Verhaltensmuster junger Menschen als Pop-Konsumenten zu Schallstärken in Beziehung gesetzt. Jeder fünfte Popmusiker holt sich auf die Dauer in der Szene den sogenannten „Dip", – einen Gehörfehler, der normalerweise erst im ziemlich vorgeschrittenen Alter auftritt.

Ein konstanter Lärmpegel von 80 Dezibel (großer Straßenlärm) gilt nach berufsgesundheitlichen Normen als Obergrenze. Doch in Diskotheken sind Lautstärken von 90 bis 100 und bei Rockkonzerten 100 bis 110 Dezibel üblich – freilich ohne Gehörschutz. Dabei nähert sich die musikalische Lufterschütterung gelegentlich der absoluten Schmerzgrenze, wie beim Dröhnen eines Flugzeugtriebwerks in nur drei Meter Entfernung.

Eine verborgene Gefahr bilden auch Walkmans, die jungen Leuten stundenlang mit einem Schallpegel von bisweilen 100 Dezibel in den Ohren liegen können. Die großangelegte TNO-Untersuchung hat ergeben, daß im Jahresdurchschnitt 2200 junge Menschen in den Niederlanden durch tragbare Cassettenspieler erheblich gehörgeschädigt werden.

Lärm oder nicht Lärm, das ist in diesem Buch immer wieder die Frage. Als angenehm empfundene Geräusche können auch Quelle neuer Hörerlebnisse sein. Geräusche sind auch: das Rauschen des Baches, das Rufen und Schreien der Kinder, das Singen der Vögel, der Klang von Musik abseits konventioneller Definitionen. Dauerhaft Lärm ausgesetzt zu sein, schadet unserer Gesundheit. Lärm in Montagehallen, in Stahlwerken, auf Flughäfen, auf Sportplätzen etc. empfinden wir denn auch als Belästigung; musikalisch verarbeitete und mit musikalischen Mitteln verbreitete Geräusche jedoch können Ausgangspunkt neuer Erfahrungen im Hörbereich sein. Vor allem in der Musik wird die Ambivalenz des Begriffs "Geräusch" deutlich. Viele Geräusche, die uns im Alltag unsere eigene Hilflosigkeit in dieser Beziehung vor Augen, oder besser: vor Ohren, führen, werden mittlerweile als musikalische Ausdruckmittel genutzt.

Der Vorhang/Teppich aus Musik (Lärm/Geräusch), der in allen Bereichen unseres täglichen Lebens präsent ist und in Kaufhäusern nur von Werbedurchsagen und Sonderangebotsmitteilungen durchbrochen wird, der unserem Ohr keine Ruhe und keine Erholung gönnt und uns keinen Fluchtweg offenläßt, weil er anderswo längst wieder auf uns wartet – selbst in den Ställen landwirtschaftlicher Betriebe, wo er die Kühe animieren soll, noch mehr Milch zu geben (streßfrei, versteht sich) –, der nur noch übertroffen wird von den schier unbegrenzten Geräuschpegeln startender oder landender Flugzeuge, dieser Vorhang/Teppich aus Lärm/Geräusch (Musik) ist ein Ergebnis der fortschreitenden Industrialisierung, der expandierenden Maschinenwelt, des unaufhaltsamen technischen Fortschritts.

Olympische Winterspiele in Calgary/Kanada, 1988: Während der Eishockeyspiele wird noch die kleinste Spielpause (Foul, Abseits, et cetera) akustisch überbrückt, indem ein Musiker das Publikum in Orgelklänge hüllt. Nach Meinung des Veranstalters ist es den Zuschauern offenbar nicht zuzumuten, Unterbrechungen ohne akustische Unterhaltung zu überstehen. Diese amerikanisch-kanadische Auffassung von "Show" hat zur Folge, daß das Publikum auch in Momenten, die der Erholung von der Spannung des Spiels dienen könnten, mit einem Lärmteppich überzogen wird. Die Menschen sollen in ständiger "Spannung" gehalten werden, damit sie sich nicht einen Augenblick bzw. Ohrenlausch vom Geschehen abwenden. Diese penetrante Musikuntermalung während der Spielunterbrechungen läßt schließlich nur noch einen Wunsch offen: daß es zu keiner Spielunterbrechung mehr kommen möge.

Seit 1934, dem Jahr, in dem sich mit der Gründung der gleichamigen US-Firma der Begriff "Muzak" durchsetzte, hat die permanente Musikberieselung Einzug in (fast) alle Lebensbereiche gehalten. Ob in Kaufhäusern, Wartehallen oder am Arbeitsplatz, überall begegnet den Menschen diese funktionelle, nichts aussagende Musik. "Muzak" gilt unter Musikern nicht umsonst als Schimpfwort; diese "Musik" ist austauschbar, Unterschiede sind nicht zu erkennen und sollen auch nicht erkannt werden. Nicht ein künstlerischer Ausdruckswille steht im Vordergrund, sondern der Gebrauchswert der Töne als emotionales Stimulans.

Greifen wir noch einmal ins volle Leben, in die geballte Kraft des buchstäblichen Lärms, dieses in seinen schlimmsten Auswüchsen aggressiv machenden Menschenmachwerks:

Die Gemeinde oder Stadt X hat ein großes Ohr. Es ist aufnahmefähig für Geräusche jeder Art, insbesondere für den Lärm der Flugzeuge. Das Ohr der Gemeinde/Stadt X ist die Summe der Ohren ihrer Einwohner. Viele kleine Ohren schließen sich zum Gemeinde/Stadt-Ohr zusammen. Wer hören will, muß fühlen, sprich: den Lärm körperlich und seelisch spüren. In absoluter High-Fidelity-Qualität umschließt die Einwohner von X eine Lärmglocke, die das Maß des Erträglichen oft weit überschreitet. Alle sind von ihr in gleicher Weise betroffen, vor keinem Ohr macht der Lärm halt. "Bei einem direkten Überflug in 75 m Höhe wird beispielsweise bei voller Schubleistung ein Einzelschallpegel von 125 dB (A) erreicht, während bei 88%iger Schubleistung immerhin noch ein solcher von 113 dB (A) zu erwarten ist. Wird bei einem solchen Überflug der Nachbrenner benutzt, muß mit einem Einzelschallpegel in der Größenordnung von 130 dB (A) und mehr gerechnet werden.

Aber auch bei einer Tiefflughöhe von 450 m beträgt der Einzelschallpegel bei voller Schubleistung noch etwa 107 dB (A), bei 88%iger Schubleistung 90 dB (A) und bei Einschaltung des Nachbrenners 112 dB (A)."[(7)]

Dieser Zahlenwust, dieser technische Begriffswirrwarr verschleiert die Tatsache, daß die Einwohner von X keine Chance haben, ihrer lärmbeschädigten Lebensweise zu entrinnen. Was sie nahezu täglich zu ertragen haben, spottet jeder wissenschaftlichen Untersuchung, jeder "objektiven" Beschreibung, jeder emotionsfreien Diskussion über Sinn und Zweck von Tiefflügen. Die Gemeinde/Stadt X fragt zu recht, wie ihr kollektives Ohr zu schützen sei. Die Argumente, die das Bundesverteidigungsministerium in schöner Regelmäßigkeit für die angeblich politische Notwendigkeit von Tiefflügen anführt, sind für die Gemeinde/Stadt X nur perverse Begründungen, die darüber hinwegtrösten sollen, daß die Körper und Seelen ihrer Menschen leiden. Die vor allem betroffenen Bewohner von Rheinland-Pfalz und dem Saarland leben ständig mit dem erhöhten Risiko, vor lauter Fluglärm krank zu werden: "Hörschäden, Verhaltensstörungen, erhöhter Blutdruck bis hin zu Störungen des Immunsystems, durch die körpereigene Abwehrkräfte gegen zahlreiche weitere Krankheiten geschwächt werden"[(8)], sind wohl kaum ein Bestandteil von Lebensqualität.

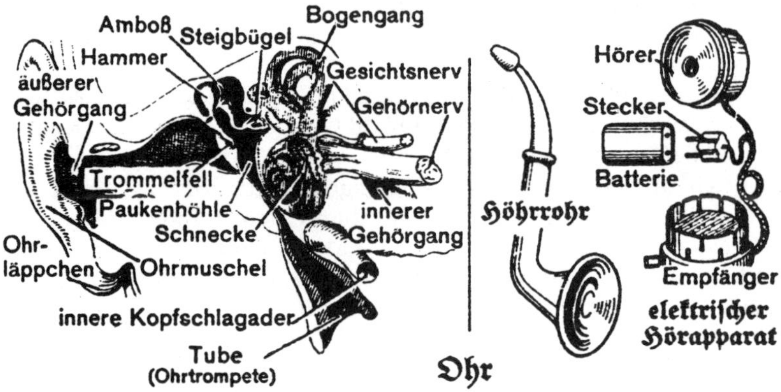

Ohr

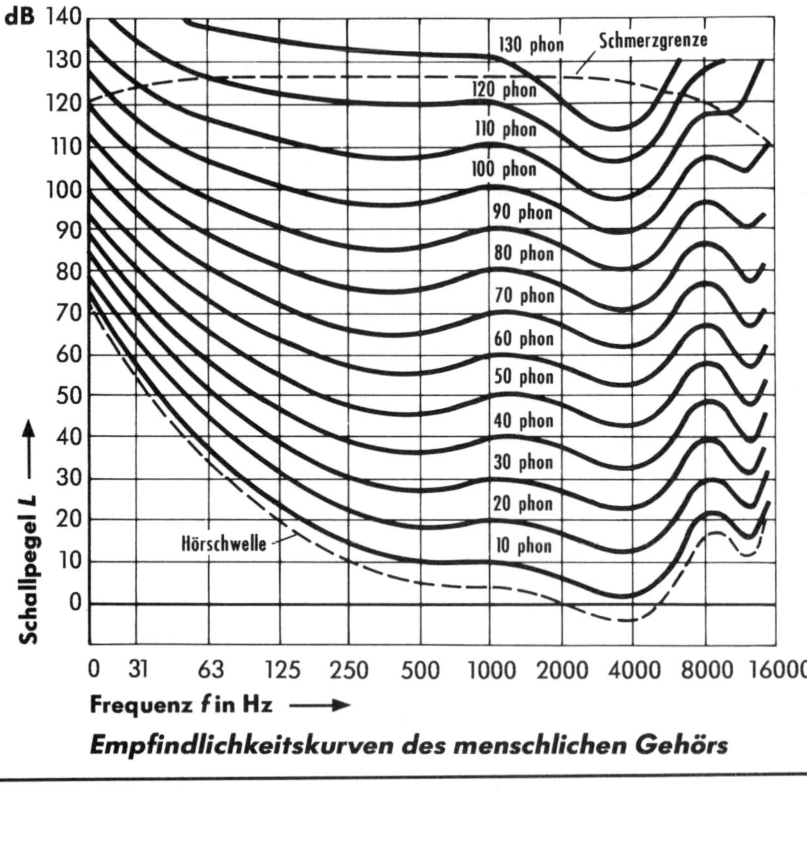

Empfindlichkeitskurven des menschlichen Gehörs

2 Vom Hören und vom Schall

Die Akustik lehrt uns, vier Schallereignisse zu unterscheiden: Ton, Klang, Geräusch und Knall.

"Ein Ton ist eine reine S-förmige Schwingung. Ein Klang ist eine Überlagerung mehrerer Töne. Ein Geräusch sind unregelmäßige Schwingungen, und ein Knall ist ein kurzzeitiger und starker Schalleindruck."[9]

Was wir mit dem Ohr aufnehmen, sind Schwingungen. Die physikalische Maßeinheit ist die Frequenz, die in Hertz (Hz) gemessen wird und deren Zeitmaß die Sekunde ist. Die nach dem Physiker Heinrich Hertz benannte Einheit besagt, daß eine Schwingung die Frequenz 1Hz besitzt, "wenn in einer Sekunde eine volle Schwingung erfolgt. Entsprechend gilt: Eine Schwingung hat die Frequenz 5 Hz, wenn in einer Sekunde 5 volle Schwingungen erfolgen."[10] Das menschliche Ohr ist in der Lage, Schwingungen von 16 bis 20 000 Hz aufzunehmen. Dieses Gehörspektrum nimmt mit zunehmendem Alter des Menschen ab. Die Hörgrenze eines Siebzigjährigen kann unter 6000 Hz liegen. Die Aufnahmebereitschaft und Empfindlichkeit des Ohres ist individuell verschieden. Jeder Mensch hört anders, jeder Mensch reagiert unterschiedlich auf die Schallereignisse Ton, Klang, Geräusch und Knall.

Die Schallstärke wird in Dezibel (dB) gemessen, "eine aus dem Namen des Amerikaners Bell abgeleitete logarithmische Maßeinheit (1 dB = 1/10 Bel), die das Verhältnis von elektroakustischen Größen wie elektrische Spannung und Schalldruck sowie elektrische Leistung und Schallintensität (Schallstärke) beschreibt."[11] Eine Schallstärke von 80 dB wirkt gehörgefährdend, eine von 120 dB kann akute Gehörschäden verursachen. Gerade im Einflußbereich von Tiefflugübungen entspricht die letztgenannte Schallstärke der täglichen Belastung des Gehörs. Schallmessungen werden in Bewertungskurven nachgewiesen, die durch Buchstaben bezeichnet werden. Die Kurve A ist international gebräuchlich, so daß Pegelwerte in "dB (A)" angegeben werden.

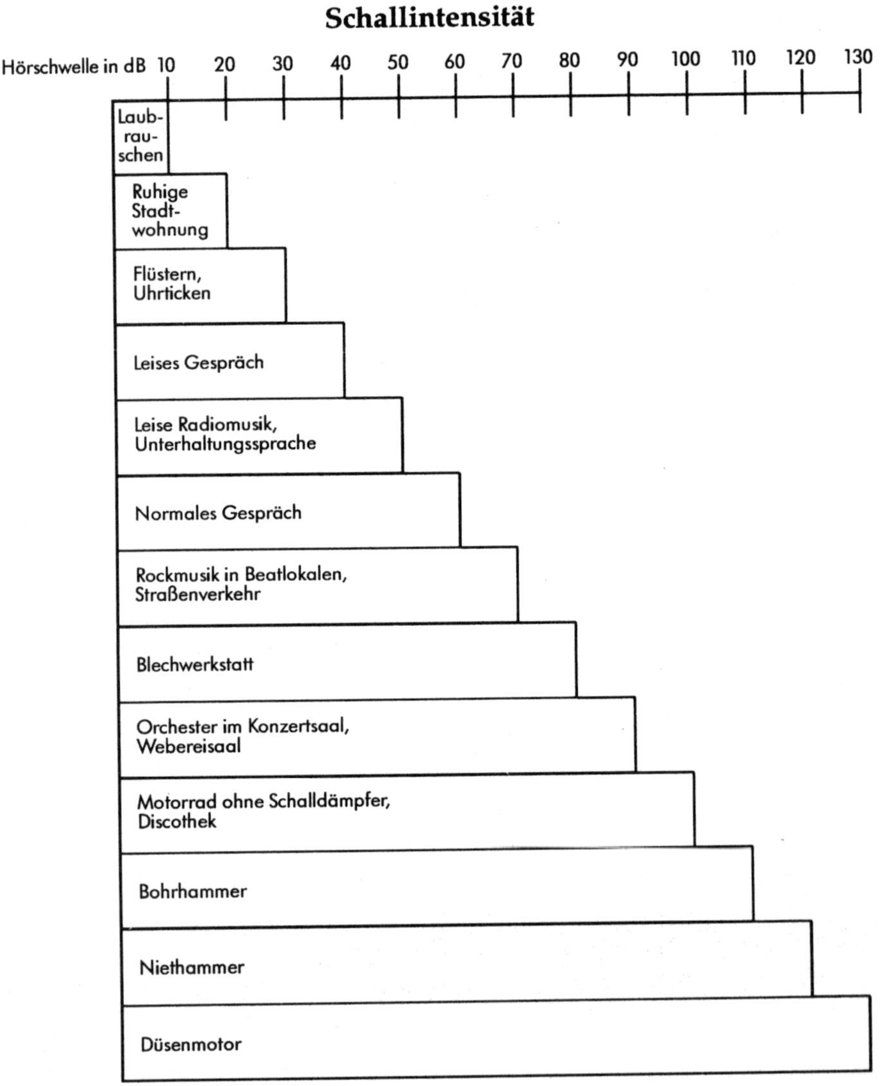

Bevor ein Ton das Hörzentrum erreicht, das in der Großhirnrinde neugierig auf Schallereignisse, von als angenehm empfundenen Melodien bis hin zum undefinierbaren Lärmchaos, wartet, muß er viele Hürden überspringen, die das Ohr selber aufgebaut hat oder die vor ihm als äußere Hindernisse stehen. Der Ton springt durch die Luft, verteilt neben sich andere Töne, saust unaufhaltsam in kaum zählbaren Schwingungen über Ecken und Kanten, hüpft über Hammer, Amboß und Steigbügel ins Innenohr und nach einer kurzen Atempause – pardon, Hörpause – weiter durch die Windungen der Schnecke, gestreichelt von Haarzellen, die er in elektrische Impulse umwandelt. Der Hörnerv arbeitet so stupide wie ein Uhrwerk, erkennt den Ankömmling, definiert ihn und sagt uns, ob das Geräusch angenehm oder abstoßend, reizend oder quälend ist. Ein wehmütiger Seufzer wird so präzise von einem wehleidigen Stöhnen unterschieden.

Permanente Geräusche bestimmen unser Leben; sie unterscheiden sich allein in Lautstärke und Häufigkeit voneinander. Die Vielfalt der Geräusche, die für uns zum Lärm werden können, ist unermeßlich:

Geräusch/Lärm	
• *innen*	• *außen*
Haushalt	Flugzeuge
Sprache	Baumaschinen
Musik	Musik
Maschinen	Straßenverkehr
Produktion	Tiere
Büro	Fußballstadien
Discothek	Open-Air-Konzert
Kneipe	Eisenbahn
Theater	Tennisplätze
Radio/TV	Militärmanöver
Mitbewohner	Straßenpassanten
Supermarkt	Karneval
Kaufhaus	Fußgängerzonen
Schule	Freibäder

Diese Aufstellung ist, natürlich, unvollständig. Das Ohr ist überall freiwillig oder unfreiwillig mit dabei, dicht am Puls des Geschehens.

Alle Völker dieser Erde sind Geräuschen und Lärm ausgesetzt; so kann es nicht verwundern, daß auch alle Sprachen, die lebenden wie die toten, ein Wort für Geräusch/Lärm kennen:

Lawaai	niederländisch
Larm, stoje	dänisch
bruit	französisch
ruido	portugiesisch
hluk, hrmot	slowakisch
noise	englisch
gürültü, samata	türkisch
lárma, zaj	ungarisch
larm, buller	schwedisch
strepitus	lateinisch
rumore, chiasso	italienisch
ruido	spanisch

Donnernder, peitschender Gefechtslärm in allen Kriegen, seit der Mensch lautstarke Waffen wie Kanonen, Panzer, Gewehre, Pistolen, Haubitzen und Bomben erfunden hat. Lärm aber auch schon früher, wenn auch in geringeren Ausmaßen: Pfeil und Bogen, Axt und Speer. Menschlicher Erfindungsreichtum, insbesondere jener auf dem Gebiet der Kriegs-"kunst", hat den Lärm anschwellen lassen. Dank der Erfindung des Computers wird das Getöse in einigen Bereichen zwar abnehmen, in anderen jedoch eine neue gräßliche Qualität erreichen: Das "Blipp" in den Programmen wird eines nicht allzu fernen Tages das Erkennungssignal dieser Welt sein. Blipp!

3 Die Stille

Wären alle Menschen stumm und alle Geräuschquellen versiegt, wäre das Erlebnis der Stille in einer absoluten, durch keinen Ton aufgeschreckten Zufriedenheitswelt möglich. Alle überflüssigen störenden Geräusche würden sich, von der Stille aufgesaugt, in einer Art Vakuum festsetzen, das kein Menschenohr durchdringen könnte.

"Jetzt ist es still,
Er langweilt sich,
doch nichts entgeht ihm in dieser Stille." (12)

In den Naturgedichten der Romantiker ist die Stille zum Greifen nahe. Natürlich, jene Epoche war nicht vom Lärm der Maschinen und Flugzeuge erfüllt, und ihre Dichter konnten fast noch das Gras wachsen hören. Clemens von Brentano oder Bettina von Arnim wanderten über Wiesen und an Bächen entlang, um Worte zu finden für das, was die Natur für den Menschen bereit hielt: Ruhe, erholsame Stille.

Auch heutzutage ist Stille noch erlebbar, obwohl kaum mehr in der "natürlichen" Welt. Stattdessen wird sie häufig mit den Mitteln der Kunst zelebriert, wie in der Performance "Durch das Nachtmeer" von Marina Abramovič / Ulay-Ulay / Marina Abramovič, aufgeführt im Jahr 1982 während der documenta 7 in Kassel. Die beiden Künstler saßen an dreimal sieben Tagen jeweils sieben Stunden lang bewegungslos an einem Tisch, ein jeder an der Schmalseite, ohne ihre Körperhaltung zu verändern, ohne erkennbar zu atmen und ohne jede noch so geringe sichtbare Körperbewegung. Beide wirkten wie menschengroße Puppen, ein Manifest der Ruhe, im wahrsten Sinne des Wortes "versteinert". Abgesehen von der Hochachtung vor der erstaunlichen körperlichen Leistung der Nicht-Akteure bescherte die Performance dem Zuschauer (weil es ein Zuhören nicht gab), indem es ihn von allem

Schmerz und aller Trauer entlastete, ein Gefühl von Andacht und Dankbarkeit. Die unsichtbare Kraft der Ruhe und die erholsame Macht der Stille teilten sich ihm unmittelbar mit.

Andere Künstler zitieren die Stille nur und lassen durch das suggestive Wort dem Hörer signalisieren, daß sie, rhythmisiert und pulsierend, nunmehr in Einklang gebracht ist mit (Elektro-)Gitarren und Schlagzeug: Simon & Garfunkel ("Sounds Of Silence", 1966), David Bowie ("Sons Of The Silence Age", 1977), Andy Summers/Robert Fripp ("Under Bridges Of Silence", 1982), Van Morrison ("Hymns To The Silence", 1991). Die Stille ist hier tatsächlich nur Zitat, denn wie kann Stille sein, wenn sich der Plattenteller dreht und aus den Boxen Musik ertönt? Der Text beschwört die Stille, eine mittels gesungener Worte erzeugte Stille. Und doch ist das individuelle Empfinden ausschlaggebend dafür, ob die so transportierte Stille den Kopf des Hörers erreicht, jenseits der Riffs und Rhythmuswechsel.

Der Autor gestattet sich, eine persönliche Erfahrung wiederzugeben, die die obige Behauptung stützen soll. Als die US-amerikanische Songschreiberin, Pianistin und Sängerin Carole King (* 1948) im Jahr 1971 ihre Langspielplatte "Tapestry" veröffentlichte, steckte ich gerade mitten in der Lektüre des Romans "Deutschstunde" von Siegfried Lenz (* 1926). Aus dem gleichzeitigen Hören der Musik und dem Lesen des Buches entstand eine Stimmung, die für mich bis heute untrennbar mit beiden Werken verbunden ist. Das Buch traf den Nerv, die Aussage und das Gefühl der Musik, und umgekehrt.

Carole King und Siegfried Lenz haben miteinander gewiß nichts zu tun, aber in meinem Kopf gehören sie durch ihr Werk zusammen; wenn ich die Musik höre, habe ich den Roman, seine Sprache und Geschichte im Ohr.

Carole King: *"I feel the earth move under my feet"*.

4 Geräusche verändern die (Musik-)Welt

Unsere Sucht, ständig Musik zu hören, und das uns umgebende akustische Gefängnis lassen manchem die Stille, wenn sie denn eintritt, zur Qual werden. Wir sind kaum noch fähig, Stille zu genießen, da uns nicht nur die alltäglichen Geräusche umgeben, sondern wir uns selbst, ohne Not, in eine akustische Zwangsjacke stecken. Seit der Erfindung des Walkman begleitet uns die Musik an jeden Ort und zu jeder Stunde. Wir schließen uns ein in eine akustische Glocke, kapseln uns ab vom Geschehen und flüchten uns in unsere eigene Welt. Damit wir die Musik und die Geräusche der anderen nicht hören (müssen), schaffen wir uns selbst eine uns angenehme Geräuschwelt.

An einem warmen sonnigen Maitag zwitschern die Vögel im Garten, eine leichte Brise bewegt Grashalme und Blätter, ein Hund bellt. Aus Nachbars Garten erklingt Partymusik, die aufdringlich fröhliche Geräuschkulisse vermittelt uns, im besten Fall, Bilder von Sommer, Spanien, Urlaub. Für manchen ist das penetrante Gedudel jedoch so störend, daß er flüchten möchte. Und wie behilft er sich? Er greift zum Walkman, um die akustischen Erzeugnisse der anderen nicht hören zu müssen. Und das, was er eigentlich gesucht hat, Ruhe und Stille, bleibt auf der Strecke.

Warum sind viele von uns nicht zu der Einsicht fähig, daß auch die Stille ein Hörerlebnis ist? Wieso ist die musikalische Käseglocke eine solche Folter? Warum steht "ein Pferd auf dem Flur", wenn das Vogelgezwitscher aus dem Garten eine angenehm "stille" Atmosphäre verbreitet?

"Das Musikhören ist nichts Außergewöhnliches mehr, überall hören Sie heute Musik, gleich wo Sie sich aufhalten, Sie sind geradezu gezwungen, Musik zu hören, in jedem Kaufhaus, in jeder Arztordination, auf jeder Straße, Sie können heute der Musik gar nicht mehr entkommen, Sie wollen ihr entfliehen, aber Sie können ihr nicht entfliehen, dieses Zeitalter ist total von Musik untermalt, das ist die Katastrophe."[13]

Was wir heute als Lärm bezeichnen, das laute belästigende Geräusch, ist als physikalisches Phänomen noch kaum erforscht, denn die Definition von Lärm erfolgt durchweg nach überaus subjektiven Kriterien.

Wenn also in diesem Buch von Lärm gesprochen wird, so in erster Linie im Sinne einer umfassenden und möglicherweise provokanten Definition sämtlicher Musikereignisse, -aufführungen, -liebhabereien und -stile, mit denen wir es heute nahezu täglich zu tun haben. "Lärm" ist damit also nicht als negativ besetzter Qualitätsbegriff gemeint, sondern bezeichnet einen Zustand, der individuell völlig unterschiedlich erfahren wird. Insofern ist die Bezeichnung "Geräusch" zwar als Ausgangspunkt für unsere Überlegungen zu sehen, sie trifft aber nicht ganz den Kern des beschriebenen Problems. Je mehr Geräusche hörbar werden, desto eher werden diese als Lärm empfunden. Vor diesem Hintergrund haben viele Musiker zweifellos auch "Lärm" produziert. Der Schritt zum Verständnis ihrer Werke ist jedoch ein relativ kleiner; wir müssen uns nur vom oben beschriebenen negativen Lärmbegriff entfernen und die einzelnen Geräusche sowie deren Addition als Ergebnis einer schöpferischen Tätigkeit anerkennen.

"Das Geräusch selbst ist außerordentlich modulationsfähig. In welchem Umfang und mit wie vielen Differenzierungsmöglichkeiten, dies wurde im Lauf der letzten fünfzig Jahre immer bewußter und eigentlich erst in jüngster Zeit mit eigenem Vorsatz erprobt und ausgenützt. [...] Man verwendete kurze Attacken – Impuls, Knack oder Knall –, die in sehr schneller Folge mit wechselnder Tonhöhe nicht einmal Geräusche zu sein brauchen, um geräuschhaft zu wirken, und die andererseits in sehr schneller Folge mit gleichbleibendem Spektrum trotz ihrer Geräuschhaftigkeit in einen Klang übergehen können."[14]

Wenn in diesem Sinne Lärm und Geräusch den "Geist" unseres Hörens verändern und unsere Aufnahmebereitschaft und Verständnisfähigkeit für musikalische Grenzbereiche erweitern, dann ist die Gleichung *Musik = Geräusch / Geräusch = Musik* ein Tor zu größerem Hörgenuß.

Und so soll es sein: Der Musik den Lärm abschneiden, ohne dem Geräusch die Musik zu nehmen.

5

Der revolutionäre Lärm

"Völker, hört die Signale!" fordert "Die Internationale", das Kampflied der Pariser Commune, dessen Text im Jahr 1871 von Eugène Pottier geschrieben wurde. Die Betonung liegt auf "hört", denn angesungen wurden all jene "Verdammte dieser Erde", die sich bislang nicht an den revolutionären Kämpfen und Aufständen beteiligt hatten und durch das akustisch-musikalische Erlebnis aus ihrer Lethargie aufgerüttelt werden sollten. Die Unterdrückten, Ausgebeuteten und Sklaven sollten ihre Ohren aufsperren, um sich schließlich vom Joch der Ausbeutung und Erniedrigung zu befreien. Diese "Signale" waren nicht nur hörbar im Lärm der Kampfhandlungen, sondern auch in der Propaganda, die sich von Mund zu Ohr und von Ohr zu Mund verbreitete. Die Botschaft des Liedes war in allen Revolutionen und an allen Arbeiterkampftagen zu hören: Nicht verzweifeln, sondern entschlossen voranschreiten! Das Gehörte setzte sich im Ohr fest und wirkte stärker als jedes Bild, jede Parole, jedes aufklärerische Buch und jedes politische Manifest. Die internationale Arbeiterbewegung kann ein Lied davon singen, wie die Klänge der "Internationale" Menschen verändert haben.

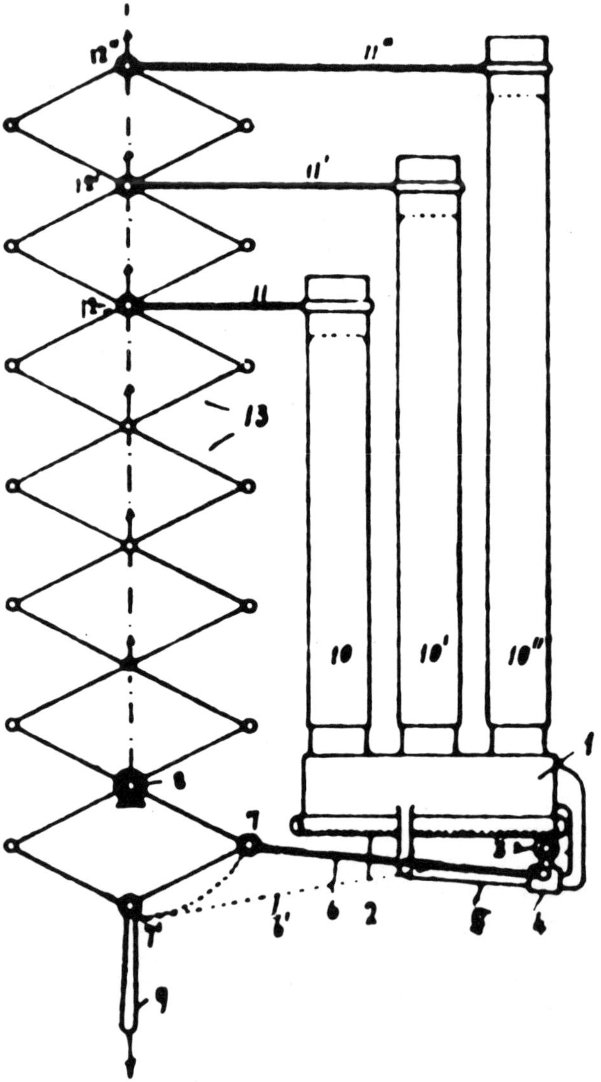

Harmonische Verstärkung von Schlaggeräuschen durch veränderliche Resonanzröhren (Schema aus einer Patentschrift Russolos)

6

Futur=is/mus

Zu Beginn des 20. Jahrhunderts geriet eine Kunstrichtung aus Italien in den Blick der Öffentlichkeit, die sich Futurismus nannte und sowohl literarische wie künstlerische und politische Ziele verfolgte. Auch der Maler und Musiker Luigi Russolo (1885 – 1947) schloß sich 1910 dieser Bewegung an. Angeregt durch das Manifest "Die futuristische Musik – Technisches Manifest" (1911) von Francesco Balilla Pratella (1880 – 1955) revolutionierte Russolo die Musikwelt mit seinen "Intonarumori" (Geräuscherzeuger, Lärmtöner). In seinem ebenso radikalen wie wegweisenden Manifest forderte Pratella die Abkehr von der traditionellen Musiktheorie und -praxis. Er verlangte, endlich Schluß zu machen mit der Musik vergangener Epochen und nicht mehr "um den schlechten und käuflichen Publikumsgeschmack zu buhlen."[(15)] In seinen Forderungen und Erklärungen verdammte Pratella den Musikbegriff der alten Schulen und hob die Futuristen in einen Himmel besserer musikalischer Welten: Auf den Abfallhaufen der Geschichte mit Dur und Moll, mit übermäßigen und verminderten Intervallen! Enharmonik und Polyphonie auf den Altar der neuen musikalischen Formen! Die elfte Forderung in Pratellas Manifest "Die futuristische Musik" lautet: "In die Musik all die neuen Ausdrücke der Natur tragen, die vom Menschen mit Hilfe der fortwährenden Entdeckungen der Naturwissenschaft immer auf neue Weise beherrscht wird. Die musikalische Seele der Masse, der großen Industriewerke, der Züge, der Überseedampfer, der Schlachtschiffe, der Autos und der Flugzeuge wiedergeben. Zu den großen zentralen Motiven der musikalischen Dichtung die Herrschaft der Maschine und den Sieg der Elektrizität fügen."[(16)] Hier wehte ein neuer Zeitgeist, der sich allmählich zu einem Orkan entwickelte, denn die neue Technik war für die Bannerträger der futuristischen Bewegung die Quelle, aus der sie ihre Ideen schöpften.

"Balilla Pratella ist praktisch der einzige futuristische Musiker gewesen, wenn auch der Maler Luigi Russolo sowohl vom theoretischen als auch vom praktischen Standpunkt aus sehr wesentlich zur Schöpfung einer futuristischen Musik beigetragen hat."[17] Mit seinem Manifest spazierte Pratella ohne Gewissensbisse durch die Neuzeit der musikalischen Schöpfung, ohne je in die Radikalität oder gelegentlichen Geschmacklosigkeiten mancher malenden und schreibenden Kollegen zu verfallen.

1913 veröffentlichte Luigi Russolo sein Pamphlet "L'arte dei rumori" ("Die Kunst der Geräusche"). Russolo war voller Bewunderung für Pratella und schuf doch mit seinem Manifest ein grundlegendes Werk, das für viele Komponisten nach ihm Wegweiser und Anregung war. Die Verschmelzung von Musik und Geräusch, vor allem jenem der Maschinen, die in dieser Zeit allmählich die Handarbeit ersetzten, war für Russolo ein probates Mittel, um dem musikinteressierten Ohr neue Dimensionen zu erschließen.

In seiner am 11. März 1913 publizierten Schrift heißt es: "Hier die sechs Geräuschfamilien des futuristischen Orchesters, die wir bald mechanisch verwirklichen werden:

1. Brummen, Donnern, Bersten, Prasseln, Plumpsen, Dröhnen
2. Pfeifen, Zischen, Pusten
3. Flüstern, Murmeln, Brummeln, Surren, Brodeln
4. Knirschen, Knacken, Knistern, Summen, Knattern, Reiben
5. Geräusche, die durch das Schlagen auf Metall, Holz, Leder, Steine, Terrakotta usw. entstehen
6. Tier- und Menschenstimmen: Rufe, Schreie, Stöhnen, Gebrüll, Geheul, Gelächter, Röcheln, Schluchzen

In dieser Aufstellung sind die charakteristischen Grundgeräusche enthalten; alle anderen sind nur Verbindungen und Kombinationen von ihnen."[18]

Kommt uns diese Aufzählung nicht bekannt vor? Durchforsten wir die heutige Musiklandschaft – ob E- oder U-Musik – auf Russolos Einfluß, müssen wir ihm applaudieren dafür, daß er uns seine Erkenntnisse nicht vorenthalten hat. Viele Generationen von Musikern und anderen Kunstschaffenden haben seither mit diesen Eckpfeilern der Akustikkunst gearbeitet und sie für sich in Hörereignisse umgesetzt.

Mit seinem Freund und Partner Ugo Piatti entwarf und baute Russolo Maschinen, die in der Lage waren, auf der Konzertbühne erzeugte Geräusche wiederzugeben. Diese gewaltigen, Respekt erheischenden und zugleich beängstigenden Maschinen bestanden aus Gehäusen, ähnlich den heutigen Lautsprechern, und großen Hörnern, die den Zuhörern die verschiedenartigsten Geräusche zu Ohren brachten. So entstanden ganz unterschiedliche Apparate, die Donnern und Heulen, Knallen und Brummen, wie Russolo in seinem Manifest forderte, auf künstliche Weise erzeugen konnten. Die Apparate wurden größer und größer; sogar ein leibhaftiges Orchester wurde durch "Intonarumori" und deren Bediener ergänzt, die auf Notenblätter zurückgriffen, um der Partitur folgen zu können. Die Notation für die Geräuscherzeuger erfolgte nicht mehr nach der herkömmlichen Methode; Russolo erfand ein neues System, das zwar aus den üblichen Notenlinien und dem (Baß-)Schlüssel bestand, neben konventionellen Noten jedoch auch Linien und Punkte enthielt. Die heutige Neue Musik arbeitet, was ihre Schriftform anbelangt, nach ähnlichen Prinzipien (zum Beispiel die Notation der "Volumina" von György Ligeti). Luigi Russolo nannte seine Schreibweise *"enharmonic notation"*.

Die Futuristen, die mit ihrer auf die Zukunft gerichteten Sehweise vielen Bereichen von Kunst und Kultur – Literatur, Malerei, Musik, Bildhauerei und Politik – neue Impulse geben wollten, schufen einen Maschinenkult, "der genau wie die Verherrlichung der Tollheit oder des Krieges nichts ist als die Projektion eines revolutionären Bedürfnisses. Die Maschine ist das perfekte Modell der Antibürgerlichkeit: klar, kalt, durch und durch antiromantisch, antipsychologisch, und zugleich übermächtig und ungebändigt".[19] Eine beachtliche Zahl futuristischer Manifeste versetzte die Öffentlichkeit ab 1909 in Erstaunen, wobei sich der "Vater" des Futurismus, Filippo Tommaso Marinetti (1876 – 1944), als besonders aktiv erwies.

Für Marinetti bedeutete die Aufhebung der Syntax, die Eliminierung unnötigen Sprachballasts einen gewaltigen Schritt nach vorn, hinein in die Freiheit anderer künstlerischer Dimensionen. Mit den von ihm so bezeichneten "befreiten Worten" gestaltete er "typografische Blätter, die die rein formale Ordnung der Zeichen hinter sich ließen und die dynamische Energie sichtbar machten, die von der Klanglandschaft der Schlachtfelder aus ging".[20] Kriegsereignisse wurden zu Lieferanten einer neuen Lyrik und eines neuen Schreibens schlechthin. Eine Marinetti-Collage von 1915 ("Bombardement") illustriert mit spärlichen malerischen Mitteln und den im Vordergrund stehenden, sprachlich fixierten Detonationsgeräuschen ("BUM BUM BUM ZANG TUMB TUUUM"), mit welcher Kraft und vernichtender Energie zur Explosion gebrachte Eisenteile die Wirklichkeit zu deformieren in der Lage sind – ganz abgesehen davon, daß Tod und Leid ohnehin im Parallelschritt marschieren und das Resultat jedweder künstlerischen Auseinandersetzung mit diesem Thema in den Schatten stellen.[21]

Aus diesem Formalismus, den die futuristische Malerei maßgeblich mitbestimmt hat, bezog auch Russolo die Ideen für seine Musik der Geräusche. Seine Kompositionen, so etwa "Das Erwachen der Stadt" oder "Treffen von Flugzeugen und Autos", sorgten im Konzertsaal für bis dato völlig ungewohnte Klänge. Alltagslärm und Maschinenlärm wurden ihrem realen Kontext entnommen und in einen neuen Zusammenhang gestellt. Die neugeschaffene Ästhetik des Lärms sorgte dafür, daß die von der Romantik geprägte Musik in neue Dimensionen vorstieß. Es war der radikale Schritt in eine Zukunft, in der die von Menschenhand geschaffene Technik zunehmend die Natur ersetzte. Russolo nutzte die neuen Errungenschaften für eine erweiterte Hörerfahrung auf dieselbe Weise, wie spätere Generationen etwa die Computertechnik für sich vereinnahmt haben. "Auch Luigi Russolo

The Art Of Noise – In No Sense? Nonsense!

hatte das unzerteilte, bewegte, tosende Leben in der Musik einfangen wollen, und die Maschine war und ist ein auffälliges Sinnbild des modernen Lebens. [...] Er verwendete das neue akustische Material stets stilisiert – seiner vordergründigen Bedeutung entbunden – , als Symbol eines neuen Lebensgefühls, als brutalen, kampflüsternen 'Urschrei'".(22)

Die durch Geräusch und Lärm veränderten Lebensbedingungen der Menschen und die fortschreitende Technisierung eröffneten nicht nur Komponisten und ausführenden Musikern ein weites Betätigungsfeld. Durch die sämtliche Künste umfassende futuristische Bewegung wurde das Geräusch als Ausdrucksmittel auch in die Malerei integriert. Das Ölbild "Der Lärm der Straße dringt ins Haus" (1912) von Umberto Boccioni (1882 – 1916) ist der parallel zur Geräuschmusik Russolos unternommene Versuch einer Übertragung des akustischen Phänomens ins visuelle Medium. Der Blick des Betrachters geht aus einem Fenster über eine Balkonbrüstung, an der eine Person lehnt und das Treiben unter ihr, auf einem großen Platz, beobachtet. Was erblickt sie? Arbeitende Menschen auf einer Baustelle, eingerahmt von Häusern, die, in kubistischer Manier verfremdet, ineinanderzustürzen scheinen. Zwei weitere Figuren, rechts und links am Bildrand plaziert, beobachten gleichfalls die regsamen Gestalten im Zentrum des Gemäldes. Wie eingefroren verharren sie lärmend in ihrer Bewegung, und in just diesem Augenblick dringt der Lärm von der Straße herauf ins stille Zimmer.

"Wie kein anderer der Futuristen weitet Boccioni die Bewegungsthematik auf die Sehtätigkeit des Betrachters aus, den er kompromißlos zum Wahrnehmen von Geschwindigkeit, Tempo, Schwung bringen will."(23) Der Betrachter soll nicht mehr auf ein fertig angerichtetes Tableau schauen, sondern mitten ins Bild, ins Geschehen hinein gesetzt werden. Bei den Futuristen sitzt er denn auch konsequenterweise inmitten der geräuschvollen Szene.

Russolos Ideenreichtum weist auf die achtziger Jahre des 20. Jahrhunderts voraus. Die britische Popgruppe *The Art Of Noise* hat ihren Namen nicht nur seinem Manifest entlehnt, sondern dessen Lehren in ihren Musikproduktionen auch beherzigt. Unter Ausnutzung aller technischen Möglichkeiten moderner Aufnahmestudios ist das Trio den Weg weitergegangen, den Russolo mit seiner musikalischen Umsetzung von Maschinenlärm, Straßenlärm und so weiter gepflastert hat.

Auf dem Fundament eines harten Beats, der die komplexen Synthesizer-Eruptionen erst ermöglicht, knüpft die Gruppe emotional aufreizende Klangteppiche: Im Stück "Beatbox (Diversion One)" knallt das Schlagzeug, wie von einem Dampfhammer angetrieben, in die Ohren, und mithilfe der Sampling-Technik gesammelte Zitate anderer Vor-"Bilder" fluten mit verwirrendem Effekt aus den Stereokanälen. Massive Synthesizerklänge räumen Berge von industriellem "Lärm-Müll" beiseite und markieren die Geburtsstunde einer Geräuschkunst à la "Art Of Noise": Alles ist Lärm, und alles ist Musik. *The Art Of Noise* steht für diese moderne Kunst der Musik und des Lärms.

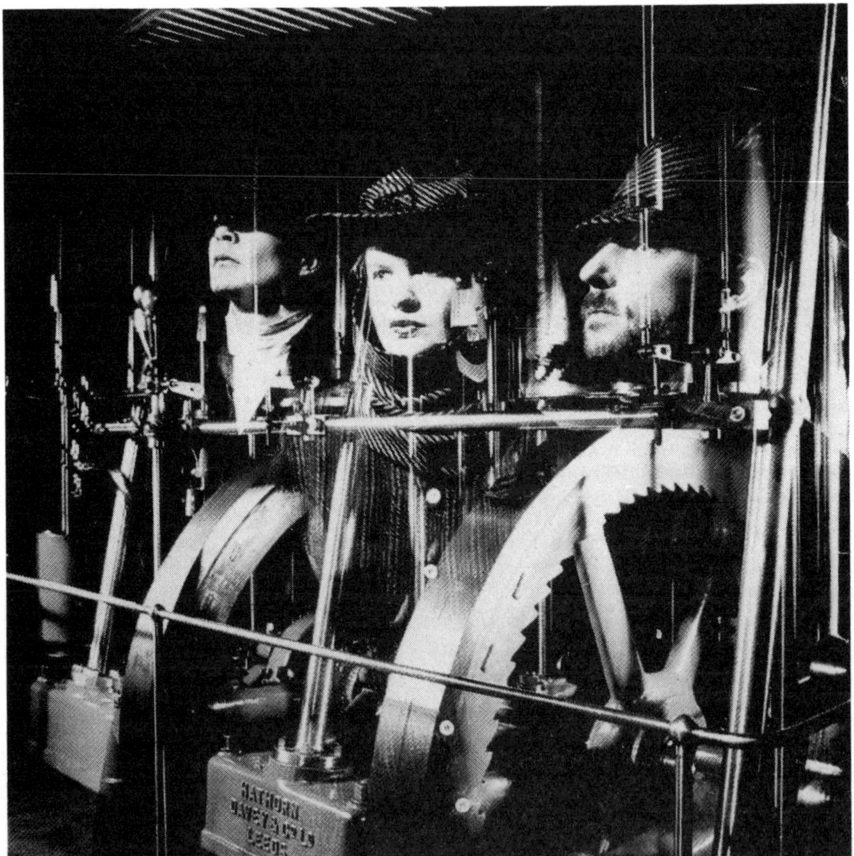

The Art Of Noise: J.J. Jeczalik, Anne Dudley, Gary Langan (v.l.n.r.)

7

Future is concrète

Die Geräuschanwender der sogenannten "Musique concrète" arbeiteten anders als die Futuristen: Sie konservierten Klänge und Geräusche, die sie auf ein Tonband aufnahmen und jederzeit reproduzieren konnten. Dabei handelte es sich um Geräusche und Klänge aus der "realen" Welt, die nicht, vom futuristischen Atem umweht, aus den Geräuscherzeugern auf den Zuhörer hereinbrachen.

Die "Musique concrète" ist ohne die theoretischen und praktischen Arbeiten Russolos und ohne seine gemalten Darstellungen nicht denkbar, auch wenn Eimert und Humpert zu einer anderen Einschätzung kommen; sie sprechen den Musikern und Komponisten des Futurismus eine nachhaltige Wirkung auf die künftige Musikentwicklung ab: "Doch scheiterten die damals sensationellen futuristischen Musikbemühungen, die auch Strawinsky, Milhaud, Honegger und Varèse kennenlernten, an der Primitivität von Russolos Geräuschinstrumenten."(24)

Da Geräusche im Kontext der "Musique concrète" eher als musikalische Hilfsmittel dienen, läßt sich diese 1948 von der Radiodiffusion-Télévision-Française (RTF) durchgesetzte Kunstform kaum als historischer Nachläufer der futuristischen Musik bezeichnen. Trotzdem haben die revolutionären Ideen des Luigi Russolo zahlreiche Komponisten der "konkreten Musik" beeinflußt, die ihr französischer Pionier Pierre Schaeffer (* 1910) mit zahlreichen Experimenten zur Bühnenreife führte.

Der 5. Oktober 1948 ist für die "Musique concrète" ein historisches Datum. An diesem Tag strahlte der französische Rundfunk das erste "Concert des bruits" aus, das drei Etüden umfaßte. Schaeffers "Etüde über die Eisenbahn" ("Etude aux chemin de fer") ist die musikalische Beschreibung einer Maschine, die zu den technischen Pionierleistungen der Menschheit zählt.

Hier verbinden sich der Rhythmus des fahrenden Zugs, die Kolbenstöße der Lokomotive und die Geräusche beim Überfahren einer Weiche zu einer neuen Musik, die in einem direkten Bezug zur Maschinenmusik der Futuristen steht und damals zum ersten Mal ein breiteres Publikum fand. (An dieser Stelle sei erwähnt, daß gerade das Massenmedium Rundfunk, auch später noch, einen wesentlichen Beitrag zur Verbreitung der "Neuen Musik" geleistet hat.)

Darüber hinaus hat Pierre Schaeffer auch theoretische Überlegungen angestellt und musikalische Weiterentwicklungen gefördert. "Vor den Plattentellern und den Magnetophonen haben wir Augenblicke der höchsten Verwunderung erlebt. Einen Gong anschlagen, diesen Klang aufnehmen, ihn zunächst getreu reproduzieren, dann sich seiner bemächtigen, ihn bearbeiten, aus ihm eine ganze Klangfamilie gewinnen – welch neue Möglichkeiten! Von einer Sängerin, die nur wenige Minuten im Studio verbrachte, nahmen wir eine Vokalise auf und zogen andere Stimmen aus dieser Stimme heraus, machten aus einem ausgehaltenen Ton ein Orchesterinstrument."(25)

Einer der engsten Mitarbeiter Schaeffers, der französische Tonbandkünstler Pierre Henry (* 1927), realisierte 1975 im Pariser Studio Apsôme sein Hörspiel "Futuristie", mit dem er einen gewollten Bezug zur futuristischen Geräuschkunst Luigi Russolos herstellte. Diese historische Nach-Geburt, als die Pierre Henry sein Werk bezeichnete, ist, anders als das auf Geräuscherzeuger angewiesene Werk Russolos, eine Klang- und Geräuschmontage, die ausschließlich mithilfe eines Tonbands realisiert wurde. Ihr Fundament sind die (Vor-)Arbeiten des italienischen Futuristen. Die einzelnen Geräusche (Stimmen, Synthesizerklänge, "reale" Geräusche) verbinden sich zu einer Art musikalischen Mischsalats; komponiert und rhythmisch aufbereitet, entwikkeln sie sich nach und nach zu einem musikalischen Gesamtwerk, das in mehrere Sätze gegliedert ist und mit immer neuen Kehrtwendungen überrascht.

Pierre Henry greift in seiner Collage bewußt auf das Alltagsleben zurück, wie es in seiner akustischen Omnipräsenz, anmutig und abschreckend, aufregend und nervtötend zugleich, gerade aus der zweiten Hälfte des 20. Jahrhunderts nicht mehr wegzudenken ist. Das "metallische Leben", wie Henry den Einzug des Maschinenlärms in das akustische Leben der Menschen nannte, war auch zu Russolos Zeiten und in dessen Arbeiten in den Vordergrund gestellte "Lebensqualität".(26)

Pierre Henry baute sich im Verlauf von vierzig Jahren, in denen er sich mit der "Musique concrète" beschäftigte, ein nahezu unüberschaubares akustisches Archiv aus "Originaltönen" und Klangschnipseln auf. Als er sein Pariser Studio aufgeben mußte, stand er vor der schmerzlichen Entscheidung, auch dieses Archiv aufzulösen. Für das Hörspielstudio des WDR in Köln konzipierte er aus dem gesammelten Material das dreiteilige Werk "Une maison des sons" ("Ein Haus der Klänge"). "Die Idee: 4000 Töne zugleich hörbar werden zu lassen. 4000 Töne, zusammengesetzt aus Tonbandschleifen. 4000 autonome Schleifen meines Klangarchivs, heute endgültig demontiert. Das Ende eines Studios. Ein Konservatorium in Auflösung. 4000 Momentaufnahmen meines auditiven Lebens. 4000 geschnittene und ungeschnittene Tonbandschleifen. In Schachteln aufgehoben. Jetzt in diesem Werk überführt in eine neue, komponierte Kontinuität. Zu guter Letzt ein Hörspiel ganz neuer Bauart: Ein Nacheinander zweier sich ergänzender Episoden."[27] Henry bezeichnet seinen akustischen Versuch als "Musikszenerie", ein nach Art eines Theaterstücks produziertes Klangspiel. Dieses Hörwerk bedeutet für ihn den Abschied aus der akustischen Welt, das Ende einer Sammelleidenschaft, die allerdings nicht nur dem Sammler selbst Vergnügen bereitet hat. Das in dieser komprimierten Form dargebotene "Weltakustiktheater" erlaubt einen wehmütigen Blick zurück in die Vergangenheit. Bekannte und unbekannte Geräusche und Klänge, Musikzitate und Töne vergangener Epochen werden im Ohr des Zuhörers noch einmal lebendig. Und niemand kann sagen, so etwas habe er ja noch nie gehört. Henrys Welt der Klänge kann niemandem fremd sein; fremd erscheinen kann ihm allenfalls die mächtige Zusammenballung der bekannten Geräusche.

"Zu den Mitteln eines Hörspiels gehört freilich nicht bloß die Sprache, sondern jede Art von Geräusch, der Schall, die Musik."[28] Der österreichische Schriftsteller Peter Handke (* 1942), von dem dieser Satz stammt, hat seine Definition des Hörspiels in einem eigenen Klangwerk so konsequent umgesetzt, daß in ihm sogar die (dichterische) Sprache keine Rolle mehr spielt. "Geräusch eines Geräusches" entstand 1969 und wurde am 7. Mai 1970 vom Westdeutschen Rundfunk ausgestrahlt. In Handkes erster Radioarbeit "Hörspiel" (1968) standen Sprache und Geräusch noch gleichberechtigt nebeneinander; der Autor benutzte sie als eigenständige dramaturgische Elemente. "Geräusch eines Geräusches" hingegen besteht ausschließlich aus Geräuschen. (Bemerkenswert ist in diesem Zusammenhang, daß hier die Geräusche nicht bloß Geräusche, sondern "Hör-Spiel-Geräusche" sind. Handke verweist so auf die Künstlichkeit der herbeizitierten Geräusche, die eben nicht im Sinne der "Musique-concrète"-Protagonisten "reale", sondern mit Hilfe diverser Klangerzeuger hergestellte "künstliche" Klänge, ganz in der Tradition der Futuristen, sind. Was die Reproduktion der Geräusche angeht, so steht Handke damit den futuristischen Geräuscherzeugern näher als den Konservierern der "Musique concrète".)

"Geräusch eines Geräusches": Kühlschrankmotor, Coca-Cola-Flasche, Staubsauger, Zellophanpapier – Geräusche mithin, die der Hörer auf Anhieb identifizieren kann. Andere Geräusche, deren Zuordnung schwieriger ist: "Das Heftpflaster wird langsam vom Finger gelöst." "Eine Briefmarke wird langsam vom Kuvert gelöst." "Jemand streicht mit einem Fingernagel langsam über ein Blatt Papier."(29) Die ganze Aufmerksamkeit des Hörers ist gefordert, wenn dieser die seinem akustischen Alltag entnommenen Geräusche identifizieren will, die, zum Gegenstand eines Hörspiels gemacht, ihrer Profanität entkleidet sind. Kaum ein anderer Autor hat das Hörspiel so radikal der Sprache beraubt wie Handke in dieser Radioarbeit. Der Hörspiel-Hörer hört die Geräusche neu; vor allem hört er sie in keinem bekannten Zusammenhang. Und trotzdem erzählen sie ihm eine Geschichte. Sie erzählen von ihrer Funktion als Ausdrucksmittel, so "daß hier wie in einem Brennpunkt ein alltäglicher Empfindungszustand von Isolation, von Einsamkeit, nachvollziehbar wird, ohne daß er mit Bedeutung beladen erscheint."(30) Nicht der Einzelne steht im Mittelpunkt, sondern, stellvertretend sozusagen, die profanen Geräusche, die ihn umschließen und gefangennehmen. Dem Hörer bleibt eine eigene Interpretation der erzählten Geschichte überlassen.

Ferdinand Kriwet

Eine andere Form akustisch-konkreter Hörspiel-Erlebnisse ist das sogenannte O(riginal)-Ton-Hörspiel. Der O-Ton, das ist ein in unserer realen akustischen Umwelt eingefangenes Hörereignis, das nicht bloß Musik (im weitesten Sinne des Wortes gemeint wie etwa in der "Musique concrète"), sondern auch Sprachereignisse wie Interview, Reportage, Meinungsumfrage, Arbeitsweltreport umfaßt und diese aufgrund der verwendeten Montagetechnik zu höchst interessanten Varianten unserer natürlichen Klangwelt verfremdet. Ferdinand Kriwet (* 1942) hat 1975 mit "Radioball – Hörtext 11" eine O-Ton-Montage geliefert, die allen Radioreportern gewidmet ist. Aus zwanzig Fußballreportagen montierte Kriwet eine Collage, in der er Live-Übertragungen aus der Fußballbundesliga derart aufbereitete, daß der Hörer zum Ohrenzeugen einer neuen künstlichen Realität wurde. Die mit Hilfe der Montagetechnik erzeugte (Sprach-)Rhythmik entbehrt nicht einer gewissen Komik und liefert nebenbei den schlagenden Beweis, daß sich die Sprache der Reporter an immer gleichen Sprachmustern orientiert.

Jeden Samstag hören wir im Radio die Reportagen aus den Fußballstadien und orientieren uns dabei an der funktionalen Fachsprache der Reporter; wir kennen die Namen der Spieler. Im Hintergrund die Geräusche des Stadionpublikums: Zurufe, Gesänge, Geschrei, Beifall, Pfiffe. Kriwet "schnipselt" nun die akustischen Bruchstücke dieser sportlichen Ereignisse zusammen, ohne die sprachlichen Fundstücke zu verändern. "Der Produzent von Hörtexten, der Tonband und Lautsprecher produktiv verwendet, ihre Gesetzmäßigkeiten in seine Textvorstellungen gerinnen läßt, sieht sich indes mit zwei Problemen konfrontiert. Reine Klänge, Töne, Geräusche können ohne Umweg direkt elektronisch erzeugt werden, Sprache nur in den seltensten Fällen, wo Klang und sprachliches Phonem nahezu identisch sind."(31) Konsequenterweise erzeugt Kriwet daher nicht künstliche Sprache, sondern nimmt die mehr oder weniger zufällig in den Ätherwellen aufgefundene, um seine eigene Variante einer akustischen Kunst zu kreieren.

Das Formel-1-Rennen "Grand Prix Automobile de Monaco" vom 7. Mai 1967 endete in einer Katastrophe. Der italienische Ferrari-Fahrer Lorenzo Bandini verunglückte in der 82. Runde und starb einen Tag später, ohne noch einmal aus seiner Bewußtlosigkeit aufzuwachen. Barney Wilen (* 1937) war, wie in den Jahren zuvor, an der Strecke und nahm den Ablauf des alljährlichen Spektakels auf, um die Geräuschkulisse später musikalisch zu verarbeiten. Der tragische Tod des Rennfahrers war für ihn ein gänzlich unvorhergesehenes Ereignis. Am 13. Februar 1968 ging Wilen in ein Aufnahmestudio in Ludwigsburg, um seine Komposition "Tragic Destiny of Lorenzo Bandini" für eine Schallplattenproduktion aufzunehmen. Barney Wilen (tenor sax), François Tusques (piano, prepared piano, organ), Bob Guérin (bass) und Eddy Goumont (drums) spielten eine dem Ereignis angemessene Musik, die die Geräuschkulisse des Todesrennens, vom Start bis zum Unfall Bandinis, verarbeitete und nicht bloß eine geräuschvolle Dokumentation des Geschehens lieferte. "Die 'Geräusche' des Autorennens bilden nicht einfach den 'Background' für Barneys Musik. Die heulenden Motoren der Rennwagen sind dem Tenorsaxophon gleichberechtigte Partner. [...] Dies ist totale Musik. Sie gehorcht – wie selten eine andere – dem Auftrag, der dem Musiker jedes Jahrhunderts gestellt ist: die Geräusche seiner Zeit zu musikalisieren."[32]

Geräusche der Zeit zu verarbeiten, heißt nichts anderes, als die Umwelt zunächst einmal wahrzunehmen, sie zu begreifen und zu akzeptieren. Wer sich, vor allem als Musiker, den Klängen der Gegenwart verschließt, arbeitet in einem tonleeren Raum. Selbstverständlich sind hochgezüchtete Rennwagenmotoren nervtötende Maschinen, die alles andere als "reine" Musikalität spüren lassen. Integriert in einen musikalischen Ablauf wie etwa Barney Wilens Komposition "Tragic Destiny of Lorenzo Bandini" sind sie jedoch die "konkreteste Musik, die je gemacht wurde".[33]

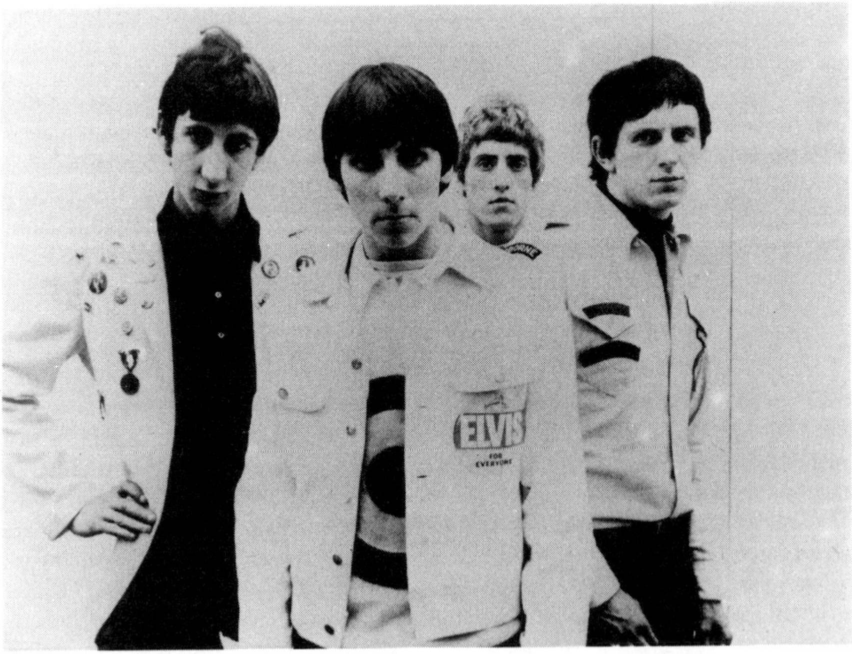

The Who: Pete Townshend, Keith Moon, Roger Daltrey, John Entwhistle (v. l. n. r.)

8 Zerstörungs-(Lärm-)Orgien: The Who

Kaum ein Schlagzeug, das überlebt und nicht deformiert in einer Bühnenecke gelegen hat, kaum eine Gitarre, die nicht, an Hals und Korpus zerbrochen, vor den Füßen des Publikums geendet ist, und kaum ein Verstärker, der nicht, kurz und klein gehackt, der Schrottpresse übergeben werden mußte.

Die englische Band *The Who* bestand aus vier Clowns, die mit der Gewalt spielten (auf der Konzertbühne), die Zerstörung praktisch er-lebten (in Hotelzimmern und Bars) und jederzeit das Gekreische ihres begeisterten Teenagerpublikums spielerisch leicht mit dem Gedröhne ihrer Verstärker und Lautsprecher übertönten: *destruction through clowns.*

Der am 7. September 1978 verstorbene Schlagzeuger Keith Moon (* 1946) betätigte sich dabei als Hauptakteur, vor allem auf dem glatten Parkett des "wirklichen Lebens" abseits der Showbühne. Ihm fiel die Aufgabe zu, ganze Suiten in Luxushotels zu verwüsten und trotzdem mit seinem unverschämt breiten Zahnlückengrinsen sozusagen über den Dingen zu stehen. *Who*-Gitarrist Pete Townshend (* 1945) ruinierte an guten Tagen nicht nur seine Gitarre, sondern auch die Trommelfelle seiner Fans: Jaulend, zischend, pfeifend jagten Töne aus den Lautsprechern, die sich zur Freude der Fangemeinde keinen Deut um konventionelle Hörgewohnheiten scherten. Den Union Jack zweckentfremdeten *The Who* zu ihrem Bühnenkostüm. Diese Respektlosigkeit und die grellbunte Mischung aus Carnaby Street, Mod-Attitüde und der schieren Lust an der Zerstörung waren die Garanten für die Berühmtheit des Quartetts und seine anhaltende Präsenz in den Hitparaden. Und dann kam **Tommy**!

Tommy ist ein blinder, *tauber* und stummer Junge, der seit frühester Jugend aufgrund eines traumatischen Schockerlebnisses mit diesen Behinderungen lebt und seine Persönlichkeit als virtuoser Spieler an Flipperautomaten ausdrückt. Tommy lebt eine Existenz als zerstörtes und von perversen Mitmenschen gepeinigtes Individuum, die ihm nicht helfen, sondern ihre eigenen Obsessionen an ihm austoben. Ein verzweifelter, flehender Ruf seiner Mutter:

"Tommy, can you hear me?
Can you feel me?
Tommy, can you feel me?
Can I help to cheer you?"

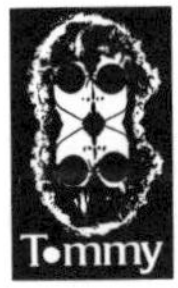

Das Ende der Geschichte des in die Taubheit getriebenen Jungen ist sein Wiedereintritt in die Welt der Hörenden. Er wird frei, weil er geheilt ist und erfährt dabei eine Erleuchtung, die in den Menschen, die ihn treffen, religiöse Gefühle weckt. Sie verehren ihn als Retter und Messias.

Interessant an der von Pete Townshend erdachten Geschichte ist vor allem die Tatsache, daß das Schicksal des gehörlosen Jungen mit musikalischen Mitteln erzählt wird. Die *Who*-Musik in ihrer vitalen Direktheit verhält sich zu dem erzählten Inhalt wie Feuer zu Wasser: Die Gegensätze, das Aufleuchten und das Verlöschen, wirken auf den Hörenden als umgekehrte Erfahrungen: Das Feuer löscht das Wasser. Ken Russell hat diese Sequenzen in seiner "Tommy"-Verfilmung in Bilder eines brennenden Infernos umgesetzt. Er komponierte für den Betrachter im Kino Musik und Bild zu einem seh- und hörbunten Feuerwerk.[34]

The Who haben den Lärm im musikalischen Zirkus nicht erfunden. Rigoros wie nur wenige zuvor haben sie ihn jedoch eingesetzt, um die Trance, die von ihren Konzertauftritten ausging, der Nachwelt lebendig zu erhalten.

Pete Townshend in Aktion

9 Zerstörungs-(Lärm-)Orgien: Wendy O. Williams

Drei Männer und eine Frau hoch zu Pferde, in abenteuerlicher (Punk-)Kleidung und inmitten einer trostlosen Landschaft. Furchterregende Gestalten in einem Szenario aus ausgetrockneter Erde und Wüstenkakteen; am Horizont karge Berge. Die Szene wird destruktiv, als plötzlich ein Helikopter auftaucht und ein weißes Automobil detoniert. Die Motorhaube fliegt meterhoch in die Luft. Das Symbol des Amerikanischen Traums von uneingeschränkter Mobilität und Freiheit gehen unter in Feuer, Rauch und Staub. Die vier Musiker der Gruppe *The Plasmatics*, Wendy O. Williams, Richard Stotts, Wes Beach und Jean Beauvoir, haben dieses Endzeitarrangement für das Cover ihres Albums "Beyond The Valley Of 1984" inszeniert, das die konsequente Fortsetzung ihrer exzessiven Bühnenshows darstellt. Die von Sex und Gewalt bestimmten, kompromißlosen Shows, die in die bizarre Welt des Punk eingebunden sind, erreichen ihren Höhepunkt in einem wilden Rausch der Zerstörung: *"Wendy smashed televisions, took a chain saw to a plugged-in guitar and sliced it in two, and at the climax of the act, the group might demolish an entire motor car – talk about auto-destruction."*(35) Songtitel wie "Living Dead", "Sex Junkie" oder "Pig Is A Pig" verweisen darauf, wie *The Plasmatics* ihre Kampagnen gegen die amerikanische Lebensart veranstalten: in Form der Verbreitung subkulturell geprägter Gegenpositionen. Wendy O. Williams setzt dazu nicht nur Stimme und Kettensägen ein; mit blankem Busen macht sie (auch) Jagd auf die heimlichen Zuschauer, die Voyeure im Parkett, die sogar ein Rockkonzert besuchen, wenn es ihnen die Begutachtung einiger Zentimeter nackter Haut verspricht. Die Prüderie der Amerikaner wird zugleich bedient und entlarvt, eine auschließlich an materiellen Werten orientierte Gesellschaft wird denunziert, ihre Kulturgüter Fernseher und Automobil werden in einem rituellen Akt zerstört. Wendy O. Williams erforscht die dunklen Bezirke eines Männlichkeitswahns, der sich in TV-Geräten und Cadillacs manifestiert.

The Plasmatics haben die Grenze vom Geräusch zum Lärm überschritten; kaum eine andere Band hat derart radikal das subversive Element des Punk zum Gegenstand einer öffentlichen Show gemacht. Die Mischung aus Destruktion, Sex, Musik und Verachtung ist für die Gegner der Gruppe immer wieder Anlaß gewesen, über Wendy O. Williams und ihre Mitstreiter den Stab zu brechen, während ihre Anhänger denselben am liebsten vergoldet hätten. Der Lärm hat sich verselbständigt, daher gilt auch für *The Plasmatics: destruction through clowns.*

The Plasmatics – Beyond The Valley Of 1984

10

Zwei Jungfrauen und der Urschrei

Wenn über Yoko Ono (* 1933) gesprochen oder geschrieben wird, dann entweder über die Frau und Witwe John Lennons, die angeblich die *Beatles* zerstört hat, oder über die Filmerin nackter Hinterteile. Onos eigene künstlerische Aktionen vor der *Beatles*-Ära sind bisher nur selten Gegenstand kunsthistorischer Betrachtungen gewesen. Nichtsdestoweniger war sie maßgeblich an der Fluxus-Bewegung beteiligt. Nach ihrer Bekanntschaft mit John Lennon machte sie Filme (mit ihm und ohne ihn und über ihn) und nahm Platten mit ihm auf. Die "fließende" Kunstbewegung war ihre Heimat, aber auch das Ventil, um aus den starren Traditionen der japanischen Kultur auszubrechen, deren eng gezogene Grenzen vor allem einer Frau kaum Möglichkeiten zur Entfaltung avantgardistischer Aktivität ließen.

Als sich Yoko Ono und John Lennon (1940 – 1980) im November 1966 kennenlernten, waren beide in ihrem eigenen künstlerischen Bereich sehr erfolgreich: sie als radikale Vertreterin der Bildenden Künste, er als einer der vier weltberühmten Liverpooler Pilzköpfe. Beide schufen auf ihre eigene Art Kunst, mit der sie Menschen auf der ganzen Welt verunsicherten und provozierten. Die Schar vor allem der Anhänger Lennons übertraf bei weitem die Zahl derjenigen, die sich mit ihrer beider Kunst nicht anfreunden konnten; Onos eigene Arbeiten jedoch stießen auf größere Ablehnung.

Yoko Onos Laufbahn als Solo-Künstlerin endete am 9. November 1966 in der Londoner Galerie "Indica". An diesem Tag traf sie zum ersten Mal John Lennon, der an ausgefallenen Kunstereignissen stets interessiert war. John Dunbar, der Besitzer der Galerie, machte Lennon mit der Künstlerin bekannt. "Unfinished Paintings and Objects", so der Titel der Ausstellung, präsentierte verrückte, bizarre, exzentrische Beispiele aus jenem Œuvre, das Yoko Ono seit Anfang der sechziger Jahre in New York geschaffen hatte.

Als sich die Beatles 1969 trennten, starteten Yoko Ono und John Lennon eine gemeinsame musikalische Karriere, die sie mit ihren zahlreichen Friedensaktionen um den ganzen Erdball führte. Das Fundament für ihre künstlerische Tätigkeit fanden sie in ihrer gemeinsamen Vorliebe für avantgardistische Musik. Lennon war froh, die "Fab Four" hinter sich lassen und endlich die Musik machen zu können, die ihm am Herzen lag und die seinem aktuellen Kunst-und Musik-Verständnis eher entsprach.

Die Jungfrau, das ist im allgemeinen Verständnis das unberührte, unschuldige Wesen schlechthin, das vom Bösen nichts weiß und neugierig, ohne Hintergedanken, aus bloßem Wissensdurst, fragt. Die Farbe Weiß, die Nacktheit: Synonyme für "Jungfräulichkeit". Ein Begriff wie "Urschrei" wirkt da zunächst wie der absolute Gegenpol; er ist die brutale, körperlich erfahrene Antwort auf das "unschuldige" Fragen dessen, der seine Unschuld verloren hat. Der Urschrei ist der Versuch, die verlorene Jungfräulichkeit wiederzuerlangen, und eine Chance, die Welt neu sehen zu lernen und die eigene hermetisch abgeschlossene Innenwelt zu verlassen. Der jungfräuliche Urschrei ist ein Weg, sein Inneres nach außen zu kehren und allen von frühester Kindheit an mitgeschleppten Gedanken- und Gefühlsmüll ein für allemal loszuwerden.

Die erste gemeinsame Schallplatte von Lennon/Ono, "Unfinished Music No. 1: Two Virgins", war für die beiden der Versuch, Jungfräulichkeit und Urschrei mit künstlerischen Mitteln in Beziehung zu setzen. Das aus Alltagsgeräuschen und den Stimmen von Lennon und Ono collagierte Klangwerk stieß jedoch beim Großteil des Publikum und der Kritik auf Unverständnis, nicht zuletzt wegen des als skandalös empfundenen Plattencovers: John und Yoko nackt, auf der Frontseite von vorn, auf der Rückseite von hinten. Zwei weiße Jungfrauen nackt im Paradies, provokant auch noch ohne die konsequente O-Ton-Dokumentation jener "Urschreie", die sie kurz darauf in Sitzungen mit dem Therapeuten Arthur Janov ausstoßen sollten.

Eine Yoko Ono, die mit ihrer offenbar untrainierten Stimme langgezogene Laute von klagender Hilflosigkeit hervorbringt, einen rituell anmutenden Gesang, der mit der Zeit eine für den Hörer strapaziöse Penetranz entwikkelt; ein John Lennon, der der Welt zeigen will, daß die *Beatles*-Ära endgültig vorbei ist und daß mit der "Unendlichen Musik Nr. 1" ein anderer Lennon auf die Musikszene getreten ist: für *Beatles*-Fans die pure Provokation. Darüberhinaus sollte das Werk aber auch jene Teile einer voyeuristischen Öffentlichkeit aufrütteln, die in erster Linie an Lennons Abrechnung mit den unvergleichlich populären *Beatles* interessiert waren. Die Lust am künstlerischen Experiment konnte Lennon mit seiner neuen Partnerin voll ausleben. Den alten Fans mußte dies alles unverständlich bleiben, schließlich waren sie von dem Ex-Beatle bislang andere Musik gewöhnt, jedenfalls nicht diesen "Krach" und diese unverständlichen "Gesangsübungen". Zur Beliebtheit des neuen Duos trug das Album daher nicht bei, im Gegenteil, in der Welt der Pop- und Rockmusik schüttelte man entgeistert den Kopf.

Die Auseinandersetzungen um Yoko Onos Tochter Kyoko (ihr zweiter Ehemann Anthony Cox beanspruchte das Sorgerecht, und das Kind wurde zwischen Vater und Mutter hin und her gerissen), um John Lennons bevorstehende Scheidung, um die Trennung der *Beatles* und die Politisierung der beiden Jungfrauen stürzte John Lennon in eine seelische Krise. Der Psychologe Arthur Janov, an den sich Lennon und Ono wandten, war auf dem Feld der Psychotherapie einen neuen Weg gegangen, dessen Ausgangspunkt die Urschrei-Methode war. "Der Urschrei ist nicht ein Schrei um seiner selbst willen. Auch dient er nicht dazu, Spannungen abzulassen. Wenn er die Folge von tiefen, verheerenden Gefühlen ist, dann ist er, glaube ich, eher ein Heilungsprozeß als ein einfaches Ablassen von Spannung. Jedenfalls ist nicht der Schrei heilend, sondern der Urschmerz. Der Schrei ist nur eine Ausdrucksform des Urschmerzes. Der Urschmerz ist das Heilmittel, denn er bedeutet, daß der Patient endlich fühlt. In dem Augenblick, da der Patient den Schmerz verspürt, verschwindet der Urschmerz. Der Neurotiker leidet, weil sein Körper nicht ständig auf den Urschmerz eingestellt ist. Es war die spannungsgeladene Erwartung, die weh tat."(36)

Die musikalische Umsetzung der Urschrei-Behandlung, an der sich Lennon und Ono versuchten, ist auf einer Schallplatte dokumentiert. In Toronto, Kanada, spielte das Paar zusammen mit der *Plastic Ono Band* (Eric Clapton, Klaus Voorman, Alan White) auf einem Rock'n'Roll-Festival. Auf der mitgeschnittenen Langspielplatte singt Ono zwei Stücke auf eine Weise, die mit dem Wort "Gesang" nicht annähernd beschrieben ist. In "Don't Worry Kyoko" schreit sie ihren Schmerz hinaus – der verzweifelte Ruf einer Mutter nach ihrem Kind, das nicht bei ihr sein darf. Möglicherweise trieben auch Schuldgefühle Yoko Ono dazu, ihre Qual der Welt mitzuteilen.

Das zweite Stück "John, John (Let's Hope For Peace)" ist der Versuch, die persönlichen Probleme in Johns und Yokos Beziehung zu relativieren. Gemeint ist hier nicht nur die Hoffnung auf den umfassenden Weltfrieden, sondern auch auf einen ganz privaten. John Lennon war zu dieser Zeit noch mit seiner ersten Frau Cynthia verheiratet, Yoko Ono litt darunter, daß sie als avantgardistische Künstlerin so ganz und gar nicht zu dem von den *Beatles* geprägten Lennon-Image paßte. Die Welt sollte an ihrem Schmerz teilhaben und ihn verstehen. "Die Schreiorgien, nach denen 'Don't Worry Kyoko' und 'John, John' klingen, sind alles andere als dies, einfach Schreiorgien, sind vielmehr Versuche, das Innerste nach außen zu kehren, sind Reinigungsversuche. Das kann jeder Hörer nachvollziehen, der sich diese Stücke nicht einfach bloß anhört (was ziemlich frustrierend wäre), sondern in Yokos Geschrei miteinstimmt. Sollte er sich blöd dabei vorkommen, darf er sicher sein, daß er etwas vor sich selbst zu verbergen hat, das heraus will."[37] Mit ihren schrillen Vokalisen überschritt Yoko Ono eine Grenze und traf jeden vorurteilslosen Zuhörer an genau der Stelle, auf die sie gezielt hatte: nicht nur ins Ohr, sondern ins Herz. Der brutale Lärm sprengte Konventionen, er wirkte befreiend und war für manchen doch schwer erträglich. Nicht erst John Lennons gewaltsamer Tod beendete dann die Lärmlitaneien; bereits auf der letzten offiziellen Platte, die das Paar kurz zuvor noch aufnahm, "Double Fantasy" (1980), waren Yoko Onos "Urschreie" konventionelleren Gesängen gewichen, vielleicht weil das Paar mittlerweile seinen familiären Frieden gefunden hatte.

Rechts: Anzeige für die LP "Double Fantasy" (1980)

11

Chip-Musik

Computermusik ist so alt wie der Computer selbst, nicht anders als pornographische Fotos, die so alt sind wie die Fotografie. Besonders in diesem Musikbereich ist unüberhörbar, daß die Töne, die wir uns als "Musik" zu empfinden angewöhnt haben, künstlich erzeugt werden. Im Zusammenhang mit Computermusik wäre es jedoch richtiger, von elektronisch erzeugten Tönen zu sprechen, denn, so Abraham A. Moles: "Es gibt keine Musik in der Natur: jede Musik ist also synthetisch."[(38)] Die im Computer gespeicherte und damit jederzeit abrufbare Musik wird zur Konserve, die, gut gelagert und gegen Mißbrauch geschützt, erst dann schmeckt, wenn der "Markt" sie braucht (oder wenn ihm suggeriert wird, daß er sie braucht). Die Angabe eines Verfallsdatums erübrigt sich.

Aber ist Moles' These wirklich stichhaltig? Selbstverständlich gibt es in der Welt der "natürlichen" Klänge keine Sinfonie, die dieser Definition gerecht werden würde. Aber die Töne, die in der Natur vorkommen (Wind, Wasser, Donner, Tierlaute) können durchaus so komponiert werden, daß aus ihnen eine Sinfonie entsteht. Und dazu ist der Computer mit seinen nahezu unbegrenzten Möglichkeiten bestens geeignet.

Die synthetisch hergestellte Musik hat, vor allem im Unterhaltungsbereich, die "natürliche" deutlich in den Schatten gedrängt. Die Möglichkeit, mit Hilfe von Computern (Teil-)Töne zu erzeugen, eröffnet der Vorstellungskraft von Komponisten nahezu grenzenlose Spielplätze. Der Mensch ist nunmehr imstande, nie gehörte Klänge zu produzieren und das Geschaffene jederzeit in gleicher Qualität zu reproduzieren. Ein Computer ist keinen Stimmungen unterworfen, er wird nie müde oder krank und streikt nicht, es sei denn, ein technischer Defekt macht ihm den Garaus. Da in einem winzigen Chip ein ganzes Orchester Platz findet, lassen sich mit ihm völlig neue Darstellungsformen und -möglichkeiten realisieren.

Der (Musik-)Computer vereinfacht das Komponieren und Musizieren und hält ein außerordentlich breites Klangspektrum bereit. Die Maschine ist in der Lage, Inspiration zu eliminieren. Der Drum-Computer, eine Rhythmusmaschine, in die sich alte und neue Klänge einprogrammieren lassen, ersetzt den Schlagzeuger, macht ihn arbeitslos. Die Konzertbühnen leeren sich, die Synthesizer werden zu Darstellern, die visuelle Bühnenshow gerät mehr und mehr in den Mittelpunkt des Konzertgeschehens und lenkt dadurch vom rein musikalischen Ereignis ab. Es gibt inzwischen einige Beispiele für eine buchstäblich menschenleere Bühne, die nur noch von (Doppelgänger-) Puppen bevölkert ist; erinnert sei nur an die Auftritte der Düsseldorfer Gruppe *Kraftwerk*.

Uwe Andresen hat sich mit dem Problem des Computereinsatzes in der (Pop-)Musik beschäftigt und kommt zu einem bemerkenswerten Fazit: "In der praktischen Arbeit wird sich nämlich kaum das gewünschte kreative Expertentum (Komponist, Produzent, Tonmeister und Programmierer) zur Computerbedienung bewähren, sondern der versierte Musik-Operator; jemand also, der mit den technisch verfügbaren Möglichkeiten des Systems virtuos umzugehen weiß, der sich praktisch ausschließlich mit seinem Computer beschäftigt und allenfalls über oberflächliche Kenntnisse in der Kompositionstechnik verfügen muß."(39)

Aber die Maschine selbst: was kann sie, was darf sie? Der Computer birgt die Möglichkeit, alles nur Denkbare praktisch umzusetzen.

Im breiten Spektrum von E- und U-Musik ist oft mit Computern gearbeitet worden. Der Computer wird benutzt, seit es ihn in handlichen, bühnen- und studiotauglichen Größenordnungen gibt. Der mikroprozessorgesteuerte Computer mit Tastatur und Bildschirm gehört ebenso in diese Kategorie wie der Synthesizer und andere elektronische Maschinen (Sequenzer). Dabei vergrößern gerade die vielfältigen Kombinationsmöglichkeiten elektronischer Musikinstrumente die Möglichkeiten des Computers um ein Vielfaches. Vorproduzierte Rhythmussequenzen lassen sich auf vielerlei Weise mit live eingespielten Passagen koppeln und ersparen somit aufwendige Bühnentechnik und die Anwesenheit von Mitspielern.

"Das Zeitalter neuer Technologien hat auch schon auf dem Gebiet elektronischer Musik begonnen, mit der Computermusik. Zum Aufbau einer elektronischen Klangsynthese wird nun die digitale Steuerungsmöglichkeit des Computers genutzt. Selbst wenn diese Kompositionsformen aus der Isolation der Experimentierstudios heraustreten sollten, wird man auch bei weiterem technischen Fortschritt kaum auf einen musikalischen Fortschritt mit einer entsprechenden Resonanz beim Zuhörer rechnen können."(40)

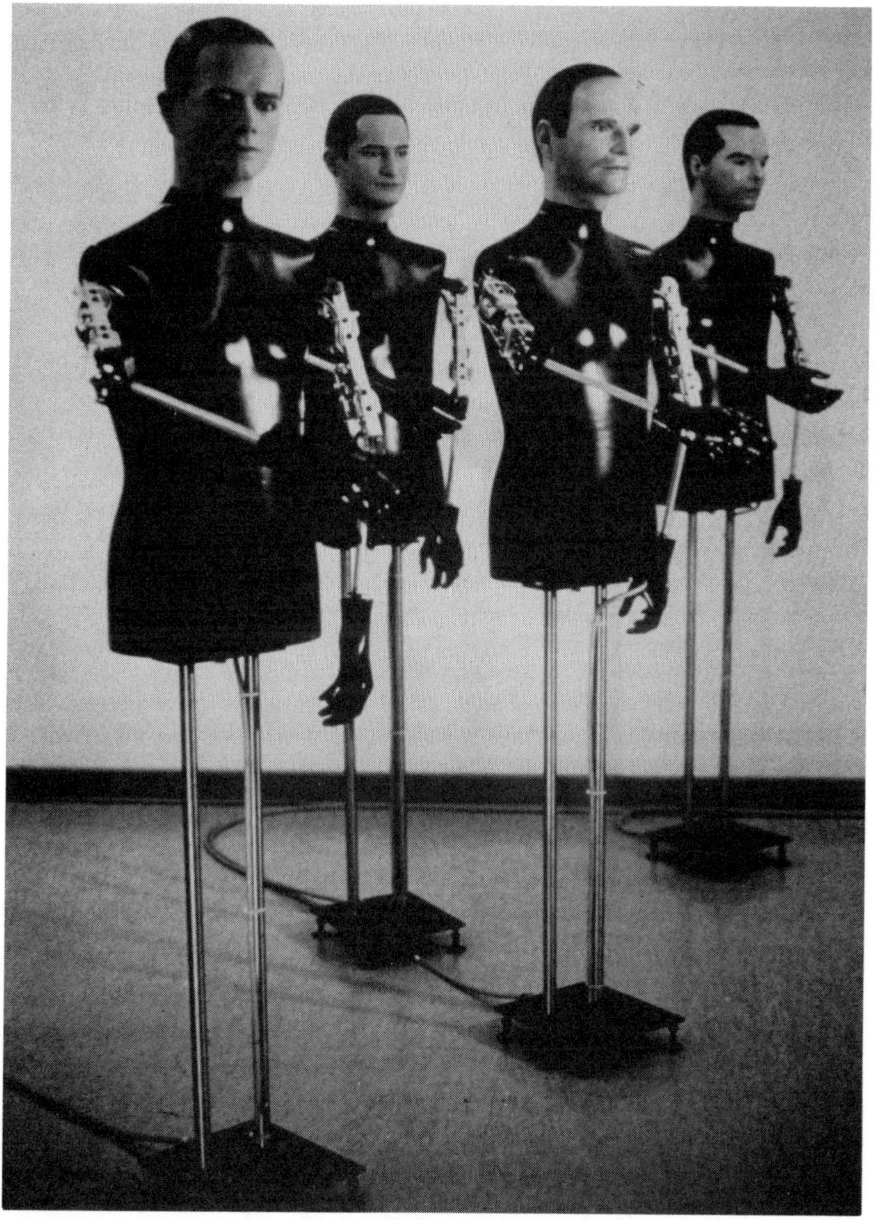

Kraftwerk

Klaus Schulze (* 1947) hockt, im Lotussitz und in spirituelle Versenkung signalisierender weißer Kleidung, auf einem weichen weißen Teppich inmitten seines Maschinenparks: ein Mensch allein auf einer großen weiten Bühne. Den Rücken hat er seinen Zuschauern nicht zuletzt deshalb zugekehrt, damit sie mitverfolgen können, wie er die kleinen und großen Musikerzeuger bedient. Rechts, links und vor ihm stehen diese beeindruckenden Kästen, allesamt gekoppelt und mit Meßinstrumenten, Schaltern, Knöpfen und Reglern übersät. "Klaus Schulze z.B. bedient live verschiedene Synthesizer und läßt sich von einem Sequenzer begleiten. [...] Musiker wie Schulze sind jenen Alleinunterhaltern vergleichbar, die mit Orgel und Rhythmusmaschine arbeiten – was beide unterscheidet, ist lediglich der technologische Standard ihrer Ausrüstung."[(41)] Und, wie hinzugefügt werden muß, ihr künstlerischer Anspruch. Selbstverständlich wollen beide Musikertypen auch unterhalten, dem Publikum "etwas bieten", die Leute überraschen. Aber die poetisch als "Klangteppiche" umschriebenen Töne eines Klaus Schulze sind zweifellos nicht mit dem auschließlich zur Unterhaltung und zum Tanz im Kirmeszelt bestimmten Repertoire fahrender Musikanten vergleichbar.

"Timewind", eine Schulze-Produktion des Berliner Weltklang-Studios aus dem Jahr 1975 ist dem Komponisten Richard Wagner gewidmet. Schon der Name des Studios wirkt wie ein Programm: "Weltklang" läßt Begriffe wie "allumfassend", "sphärisch", "intergalaktisch", "mystisch" assoziieren. Bedenkt man, daß auch Wagner Mystiker war und mit seinen häufig bombastischen Werken das Jenseits beschwor, kann man die Arbeit von Klaus Schulze sicher leichter begreifen und angemessener würdigen. Die zwei seitenlangen Stücke der genannten LP heißen "Bayreuth Return" und "Wahnfried 1883" – Titel, die für diese Veröffentlichung programmatisch sind. Auf den acht Tonspuren seines Aufnahmegeräts hat Schulze allein sechs Synthesizer eingesetzt, denen innerhalb der Kompositionen spezifische Funktionen zukommen.

Sobald sich die Abtastnadel des Plattenspielers in die Rille gesenkt hat, wird peu à peu ein in E-Dur notiertes Leitmotiv enthüllt, das einen weiten Raum füllt und dem Musiker Platz läßt für freie Improvisation auf der Grundlage dieses Motivs, das bereits alle Geräusche umfaßt, die in dieser Komposition eine Rolle spielen werden: Gezirpe, Schwingungen, die Dauertöne eines Oszillators, weißes und rosa Rauschen. Während des 1717 Sekunden dauernden Schulze/Wagner-Epos flattern und sirren, pulsieren und keuchen die Töne, die Geräusche und der Lärm in Stereo durch die Gehörgänge des Konsumenten und verbinden sich zu einem quasi metaphysischen Klanggebräu. Richard Wagners einstiger Wohnsitz Wahnfried gab dem Schulze-Stück seinen Titel; Wagner starb 1883 in Venedig und wurde im

Garten des Bayreuther Anwesens begraben. Schulzes Begräbnismusik und seine Widmung für Wagner "zeigen freilich auch die steigende Neigung, zu literarisieren und der Musik fremde, bloß imponierenwollende Kulturmarken aufzustülpen."(42)

Ein ähnliches Oszillator-Motiv ist in "The American Way Of Love" des amerikanischen Quintetts *The United States Of America* (bestehend aus Joseph Byrd, Gordon Marron, Dorothy Moskowitz, Craig Woodson und Rand Forbes) zu hören. 1968 erschien die erste und einzige LP dieser konsequent auf Elektronik setzenden Crew, die in der Hochphase der Hippiekultur der Musikentwicklung mindestens zwei oder drei Schritte voraus war. Die jungen Musiker experimentierten mit Klangerzeugern und Kompositionstechniken und schöpften die Texte ihrer Stücke aus einem für damalige Zeiten kaum verständlichen Wortschatz. "The American Metaphysical Circus" ist eine wüste Collage aus Zirkusmusik, Synthesizerklängen und der glasklaren Stimme von Dorothy Moskowitz. Ein Trommelwirbel, der gewöhnlich in der Zirkusmanege besonders gefährliche, halsbrecherische Darbietungen der Artisten ankündigt, beendet das einleitende Zirkusmotiv und weicht der prononciert artikulierenden Stimme der Vokalistin. Im Verlauf des Stücks wird diese Stimme immer wieder verfremdet, ohne dabei jemals unverständlich zu sein. Gegen Ende des Stückes wird die Stimme künstlich "gestreckt", aber nur so weit, daß die gesungenen Worte noch zu verstehen sind. Dann verläßt die Blaskapelle das Zirkuszelt.

Der 1948 geborene Engländer Brian Eno hat mit seinem Album "On Land" eine "Klangskulptur" vorgelegt – kein Werk der bildenden Kunst, sondern eine Soundcollage. Die im Kontext der dominierenden Synthesizerklänge kaum zu unterscheidenden Instrumente wie etwa Gitarre oder Bass (im Titel "Lizard Point") sorgen dafür, daß sich die Stücke zu neuartigen Hörerlebnissen verdichten. Ob hier der Lärm nur deshalb nicht durchdringt, weil die Synthesizer alle anderen Klangquellen überlagern, mag dahingestellt bleiben; die Faszination, die die Platte ausübt, geht in jedem Fall einher mit einer Gänsehaut, die dem Zuhörer immer wieder über den Rücken kriecht. Eno selbst hat ganz bestimmte Vorstellungen von dem, was er mit dieser Art von Musik ausdrücken und erreichen will: "Ich habe sehr lange an dieser Platte gearbeitet. Und ich glaube, ich habe damit natürliche Klänge wieder entdeckt. ...Winzige Detailklänge aus der realen Welt nahm ich mir vor, verlangsamte sie drastisch oder filterte bestimmte Harmonien heraus, um sie dann größer zu machen. Man entdeckt plötzlich in solch winzigen Teilen eine ganz neue Welt von ungeahnten Dimensionen."[(43)] Besonders gelungen ist vor allem das Quaken der Frösche aus Honduras im Titel "Unfamiliar Wind (Leeks Hills)": Natur pur plus künstlich erzeugte Geräusche, Töne, Klänge.

Ein Jahr nach dem zwischen September 1978 und Januar 1982 aufgenommenen "On Land" veröffentlichte Brian Eno gemeinsam mit seinem Bruder Roger und dem Kanadier Daniel Lanois die LP "Apollo", die ähnlich strukturierte "Atmospheres & Soundtracks" (Untertitel) aufweist, in thematischer Hinsicht jedoch ein anderes Kapitel aus dem Themenkreis Natur und Menschheitsgeschichte aufschlägt. Die US-Astronauten der Mission Apollo 14 (Alan B. Shepard jr., Stuart A. Roosa, Edgar D. Mitchell) hatten nicht nur Bilder und Filme von ihrer Mond-Expedition mitgebracht, sondern auch gespeicherte Weltallklänge. Da braute sich etwas Neues zusammen! Dieses unbekannte, geheimnisvolle atmosphärische Rauschen setzte sich fest und zwar dort, wo das menschliche Ohr eigentlich nicht mehr mitmachen möchte. Die Klänge waren jedoch alles andere als schmerzhaft, sondern vielmehr eine ungewohnte Erfahrung, ein Hörerlebnis, das die meisten Musikkonsumenten bis dato nur von künstlich erzeugten Tönen kannten. Über den Astronauten Alan B. Shepard ist im übrigen noch ein interessantes Detail zu berichten. Shepard war, am 5. Mai 1961, der erste Amerikaner im Weltraum. Aufgrund einer gesundheitlichen Komplikation, die sein Innenohr betraf, durfte er lange Zeit nicht mehr starten; nach einem operativen Eingriff wurde er dann 1971 für die Apollo-14-Mission reaktiviert.

In zwei Videoarbeiten verbindet Brian Eno seine diffizile minimalistische Musik mit visuellen Elementen: In "Thursday Afternoon" ergänzen die Videobilder von Christine Alicino die expressive Musik des Komponisten; und in "Mistaken Memories of Mediaeval Manhattan" wird uns ein Blick auf Alltagssequenzen aus dem Stadtbild von New York ermöglicht, wobei erst Enos "Ruhe"-Musik den statischen Videobildern Dynamik verleiht. Das lärmvolle Geschehen, der Autoverkehr und die stets spürbare Gewalt auf den Straßen New Yorks werden auf diese Weise in ihr freundliches Gegenteil verkehrt: Das Erlebnis des Molochs Stadt ist unter diesen Bedingungen (am Fernseher mit ruhiger Musik) eine durchaus positive Erfahrung. Statt Lärm vermitteln uns die musikalisch umgedeuteten Bilder ein Gefühl von Ruhe.

Brian Eno

Dies alles können Computer! In einem strafrechtlichen Sinn bietet allerdings vieles von dem, was uns heutzutage mit ihrer Hilfe in die Ohren geblasen wird, Gründe genug für eine massive Anklageschrift: ihre Klänge empfinden wir allzuoft als Lärmbelästigung, groben Unfug, Körperverletzung.

Computer können aber auch etwas anderes: Diese Maschinen, die wir, vor allem in unserer Arbeitswelt, manchmal schon als "Kollegen" begreifen, schlüpfen sozusagen in eine Verkleidung und bescheren uns hinter den diversen Masken Erlebniswelten, die nichts mehr gemein haben mit den Safari- und Freizeitparks des postindustriellen Zeitalters.

Computer sind nämlich auch das technische Mittel, um eine neue, andere Art von Volksmusik zu schaffen. Sie können dazu beitragen, daß jedermann mit Hilfe gespeicherter Melodiefolgen, Rhythmen und so weiter eigene musikalische Werke anfertigt, die dann nicht notgedrungen auch das Ohr der Öffentlichkeit überfluten müssen. Der traditionelle Qualitätsbegriff, der auf elektronische Kompositionen gemeinhin angewandt wird, muß für die neue Volksmusik aufgehoben oder zumindest umgedeutet werden: weg vom elitären Musentempel, hin zur Kreativität des/der sich selbst verwirklichenden Jedermann/-frau.

Aber nicht jeder Mensch, der das Wort Computer buchstabieren kann und der weiß, wie man mit einem Keyboard umgeht, hat das Zeug, die Weihen eines Komponisten zu erfahren. "Mit dem Computer zu komponieren, stellt den Künstler vor das Problem, den Denkprozeß auf das Genaueste hin und bis in die elementarsten Einheiten hinein in einem Algorithmus zu formulieren."[44] Die vielfältigen Möglichkeiten computerunterstützter Kompositionsverfahren sind nicht zuletzt abhängig von der Bereitschaft des Komponisten, die neuen Techniken für seine Kunst kreativ zu nutzen.

Künstlern/Komponisten wird oft unterstellt, durch solches "technisches" Komponieren nicht mehr selber kreativ zu sein – ein Fehlschluß, der sich leicht richtigstellen läßt. Der Komponist muß dem Computer "vorsagen", was er anschließend mit seinen (auch) kreativen Möglichkeiten umsetzen soll. Daher ist die Beachtung der oben zitierten Handlungsbedingung eine der wichtigsten Voraussetzungen für die Herstellung gelungener Computermusik. Systematisches Arbeiten und gezieltes Progammieren sind für den Komponisten am Computer ein unverzichtbares Handwerkszeug. Auch die Computer selbst sind in den letzten Jahren immer leistungsfähiger geworden, die kompositorischen Möglichkeiten haben sich mithin ständig erweitert. Gemeint sind hier jedoch nicht die herkömmlichen Synthesizer, die in der Rock- und Popmusik schon seit langem verwendet werden. Die Universität von Stanford in Kalifornien setzt seit 1964 Computer ein, um musikalische Forschungen zu betreiben und neue Kompositionen zu erarbeiten. Da moderne Computer immer kleiner werden und ihre Leistungsfähigkeit immer größer wird, ist es heute problemlos möglich, mit Hilfe entsprechender Software mit Personal Computern zu komponieren. Doch alle technischen Möglichkeiten entlassen den Komponisten nicht aus seiner Pflicht, die eigene Kreativität einzubringen; ja, sein eigener Part wird umso wichtiger, je intensiver er sich der Computertechnologie bedient. Karlheinz Stockhausen und Lejaren Hiller sind nur zwei Künstler, die mit dem neuen Medium interessante Klangwerke geschaffen haben und dabei auf perfekte Lösungen gestoßen sind.

Seit den Achtzigern ist eine Bewegung in aller Munde, die unter dem Etikett "New Age" firmiert und die sich zum Ziel gesetzt hat, die allgemeine Sinnleere unserer Zeit zu kompensieren. Unter dem Deckmantel des "Neuen Zeitalters" wird heute manches musikalische Produkt hergestellt und vermarktet, das sich ohne dieses Etikett zweifellos nicht lange behaupten könnte. Mit dem unerschütterlichen Glauben an eine oder mehrere höhere Kräfte und die Allmacht der Meditation erklingen sanfte Weisen, die in jeder Note und in jedem Computerchip-Sound den auf diese musikalische Gattung angewendeten Begriff "Neue Volksmusik" rechtfertigen. Artig gerät der Fan in Trance, sobald die unverbindliche New-Age-Klangtapete ausgerollt wird, auf der Meeres- und Windrauschen die markantesten Klangfarben sind. Wie in allen Künsten, so ist jedoch auch hier die Frage nach dem individuellen Geschmack des Hörer keineswegs die unwichtigste. Chip, Chip, biiib, blipp, blipp!

Die psychedelische Rockmusik der sechziger Jahre hat in der sogenannten "New Age Music" dank der Erfindung und rasanten Weiterentwicklung des Computers (und die dadurch erst möglich gewordene Musik) ihre stringente Fortsetzung gefunden. Natürlich hat jedes Zeitalter seine technischen Errungenschaften stets auch für musikalische Zwecke genutzt. Aber nicht jede mit dem Computer gezeugte Klangwelt ist geeignet, menschliches Bewußtsein zu dokumentieren und zu erweitern, neue Gedanken und Selbstfindung zu garantieren.

"Wirklich meditative Musik aber ist das alles nicht. Es sind größtenteils elektronische Bilder, akustische Imaginationen, Traumgeschehen, unbewußte Durchdringung des Unbewußten. Nur die wenigsten elektronischen Musiken können ein kontinuierliches Fließen aufrechterhalten, ein weiches Nachinnen-Fallen ermöglichen, eine akustische Keimzelle wie ein Mantra in die Unendlichkeit führen. Nur wenige Produktionen führen den Hörer nicht in die Besinnungslosigkeit, sondern haben das Format und die Kraft, eine kontemplative Versenkung hervorzurufen."[45]

Die Österreicher Hubert Bognermayr und Harald Zuschrader veröffentlichten 1982 unter dem Titel "Erdenklang" eine "computerakustische Klangsinfonie". In ihr verarbeiteten sie ein weites Spektrum musikalischer Stile, die sie sich mit Hilfe elektronischer Klangerzeuger aneigneten. Kirchenmusikalische, an die Zeit des Barock erinnernde Strukturen, digitalisierte Naturklänge, Rhythmen aus Jazz und Pop: dies alles und mehr packte das Duo in seine Computersinfonie. An dieser Produktion wird beispielhaft deutlich, was Computer auf musikalischem Gebiet zu leisten vermögen: Zuschrader/Bognermayr toben sich nach Herzenslust aus. Dabei ist der Titel "Erdenklang" im Grunde irreführend; der Begriff suggeriert andere musikalische Inhalte, als die dann zu hörende Musik hergibt. "Erdenklang" läßt an urwüchsige, auf "Naturbasis" entstandene Klänge denken. Die Bezeichnungen der fünf Sätze – "Erdenleicht", "Erdentief", "Erdung", "Eden", und "Irden" – deuten auf weit zurückliegende Sinneseindrücke aus den Urzeiten der Menschheit. Wasser und Atmosphäre stehen für die erdverbundene und die träumende Seite des Menschen.

Ein Stilmischmasch? Experimente, als (Musik-)Kunst deklariert? Ein Werk für Insider, ein Vorbild für Soundtüftler? Der Eklektizismus, mit dem die beiden Komponisten ans Werk gehen, ist ein typisches Kennzeichen vieler Werke der akustischen Computerkunst. Diese kompositorische Haltung verführt leicht dazu, sich wahllos überall zu bedienen, da es mit Hilfe von Computerprogrammen jederzeit möglich ist, auch weit in der Vergangenheit liegende Musikstile zu reproduzieren. Ein im Megachip verstecktes Orchester ins Wohnzimmer zu holen, stellt die Computertechnologie vor keine großen Probleme. Und genau darin liegt die Gefahr der Computermusik. Schnell wird als innovativ verkauft, was im Grunde nur seichtes Gedudel ist. Von einem Komponisten muß jedoch verlangt werden, daß er Inhalte vermittelt, die den Computerlärm nicht nur als solchen entlarven.

Die Präzision, mit der Computer Musikstücke (re)produzieren, wird durch nichts übertroffen. Die elektonische Musik, ein Phänomen unserer Zeit, wird überwiegend als undefinierbare und konturlose Geräuschkulisse empfunden, die den meisten unverständlich bleibt und daher zwangsläufig auf Ablehnung stößt. Die Ästhetik der Computermusik erfordert allerdings, will man sie genießen können, auch ein neues Hören. Althergebrachte Vorstellungen müssen wohl ad acta gelegt werden, wenn wir in die "Geheimnisse" der elektronischen Musik, die bei genauer Betrachtung gar keine sind, eindringen wollen.

12

Wien und andere Geräuschmetropolen

Das Musikleben ist ohne Wien kaum denkbar. Die Zahl bedeutender Komponisten, die diese Stadt hervorgebracht hat, macht sie nur wenigen anderen vergleichbar: die Familie Strauß, die Familie Mozart, Franz Lehàr, Gustav Mahler, Arnold Schönberg, Alban Berg, Anton Webern, Ernst Krenek sind hier in erster Linie zu nennen. Andere Musikstile und -richtungen und ihre Vertreter wie etwa das *Vienna Art Orchestra*, Johann Hölzel alias Falco, Georg Danzer und André Heller sind gleichfalls aus der österreichischen Metropole hervorgegangen oder zuerst in ihr und durch sie bekannt geworden.

Neben der Musik entstand in Wien auch Dichtung, die der gesamten deutschsprachigen Literatur wichtige Impulse gegeben hat. Dazu zählt auch die Wiener Gruppe, ein mal lockerer, mal engerer Schriftstellerkreis mit Autoren wie Friedrich Achleitner, H.C. Artmann, Konrad Bayer, Gerhard Rühm und Oswald Wiener. Dieser Zirkel hatte zunächst nichts mit Musik zu tun. Durch die gemeinschaftliche Arbeit inspiriert, hob die Restgruppe nach dem Ausscheiden Artmanns ab 1958 ein "literarisches Cabaret" aus der Taufe. In diesem nahm auch ein Geräusch- und Lärmprozeß seinen Anfang, der manchen Zuschauer und -hörer das Fürchten lehren sollte, indem er ihn mit neuen literarischen und theatralischen Formen konfrontierte. Besonders die Bühnennummer "zwei welten" aus dem "2. literarischen cabaret" war eine konsequente Zurschaustellung von Destruktion und totalem Theater, übermütiger Zerstörungslust und purem Lärm. Neben kurzen Sketchen und absurden, surrealistischen Theaterszenen sangen die Darsteller zur eigenen Musikbegleitung (Klavier, Banjo, Blasinstrumente) selbstverfaßte Chansons. Oswald Wiener: "ein klavier wurde auf die bühne geschoben, ich spielte darauf und sang mein chanson 'bfiad de go – oede grod', um zu beweisen, dass der flügel tadellos in form war. konrad betrat die bühne und las mir was vor, aus einem buch über indische freudenhäuser. ich erhob mich und konterte mit 'das sein und das nichts' (wieso – was hast denn du auf seite 73?), achi warf im hintergrund des saales seinen motorroller an und fuhr, mit rühm auf dem rücksitz, durch den mittelgang zur bühne vor. beide schwangen sich runter, öffneten mitgebrachte koffer, legten fechtmasken an und zertrümmerten den flügel mit beilen."(46) Die Reaktion des Publikums schwankte zwischen völliger Ablehnung und begeistertem Applaus. Literaten als Happeningartisten – der (Kunst-)Schock in der Zuckerbäckerstadt ließ die Mozartkugeln schmelzen.

Gerhard Rühm (* 1930) studierte nach dem Schulabschluß Klavier und Komposition an der Wiener Staatsakademie für Musik. Die Früchte dieser Ausbildung finden sich in vielen seiner literarischen Arbeiten. Rühms Lautgedichte sind voll von Tonalität, Experimentierfreude und rhythmischer Kraft. Obwohl seit 1954 "offiziell" freier Schriftsteller, ist Rühm immer auch Komponist geblieben.

Zivilisation ist im allgemeinen Verständnis eine "gesittete" Lebens-und Gesellschaftsform, der ein evolutionärer Prozeß zugrundeliegt, der von der Urzeit bis in unsere Epoche reicht. "Zivilisierte Gesellschaft" ist jedoch zugleich ein Ausgrenzungsbegriff: zivilisiert sind immer nur die Mehrheiten einer Gesellschaft, die darüber bestimmen, was Zivilisation ist.

Rühms "Kleine Geschichte der Zivilisation" (1979), ein "Hörspiel ohne Worte", dessen Tonbandfassung 1980 vom Kölner Westdeutschen Rundfunk realisiert wurde und dessen musikalischer Teil unter dem Titel "Atemland" auch selbständig aufgeführt werden kann, vermittelt zu Beginn durch einfach strukturierte und mit minimalen Dissonanzen durchsetzte Tonfolgen ein angenehmes Hörgefühl. Die im Grunde archaischen Klänge versprechen dem Zuhörer eine Atmosphäre wohltuender Entspannung. Hektik und Gefühllosigkeit sind eliminiert. Dennoch ist das Grauen der Nichtzivilisation stets latent vorhanden; es artikuliert sich in den tiefen Tönen. Nach gut sechs Minuten wird für einen Augenblick das Motorengeräusch eines Autos hörbar, das sich im weiteren Verlauf in kürzeren Intervallen wiederholt. Dann wird, während das Klavier weiterspielt, ein Auto gestartet – die Zivilisation gerät in Gefahr. Die Geräusche angeworfener und fahrender Automobile nehmen an Intensität zu, bis der Lärm des Straßenverkehrs die "zivilisierten" Töne des Klaviers völlig überlagert. Die Zivilisation ist am Ende, die Musik existiert nicht mehr. Der Lärm mündet in einen großen Crash, dessen Geräusch wie durch ein Fenster von der Straße ins Zimmer dringt. Am Schluß erweist sich die Zivilisation jedoch als stärker, der Lärm bleibt vor der Tür – die Musik (über)lebt.

Gerhard Rühm: "das klavierstück beschreibt ein harmonisch und rhythmisch kaleidoskopartiges kreisen um eine sich ständig wiederholende, auf sechs oktaven ausgebreitete ganztönige intervallkonstellation; es wird in ruhigem tempo und sehr mässiger lautstärke vorgetragen, hat also meditativen charakter und symbolisiert hier gewissermassen 'das ewige (zyklische) weben der natur'. das tonband ist nun kein integrierter bestandteil der komposition, sondern regelrecht ein nebenherlaufender störfaktor, der schließlich so dominant wird, dass er den klavierpart völlig überdeckt."(47)

Hier sind also zwei höchst unterschiedliche Aufführungen, mit oder ohne Tonband, möglich, deren Aussagen einander diametral entgegengesetzt sind. Mit dieser Arbeit ist Rühm zu seinen musikalischen Anfängen zurückgekehrt; vor allem das auf seriellen Prinzipien aufgebaute Musikstück dient ihm für seine musikalische Arbeit als Orientierungspunkt. Rühm läßt mit dieser Komposition, wie auch Umberto Boccioni in seinem Gemälde, den Lärm der Straße, der Zivilisation ins Haus. Der Hörer hat keine Möglichkeit, vor dem ständig präsenten Lärm zu flüchten, da ihn dieser überall erreicht. Ein anderes Klavierstück erzählt ohne Worte "Das Leben Chopins". Einer alten Tradition folgend, hat Rühm hier Buchstaben und Jahreszahlen in Töne verwandelt, die die Lebensgeschichte des Komponisten erzählen.

Das in der niederländischen Schule des Mittelalters entstandene Kompositionsprinzip, Buchstaben und Wörter in Noten umzuwandeln und auf diese Weise eine verschlüsselte Geschichte zu erzählen (besonders bei Josquin Desprez, geboren um 1450, gestorben 1521), hat sich Rühm zu eigen gemacht, um einzelne Stationen im Leben Frédéric Chopins (1810 – 1849) zu erzählen. Das aus der Literatur unter dem Namen Akrostichon bekannte Prinzip hat zum Beispiel auch Johann Sebastian Bach (1685 – 1750) in seiner "Kunst der Fuge" verwendet, und das häufig verwendete B-A-C-H-Motiv findet sich bei Komponisten wie Busoni, Hindemith, Liszt oder Webern. Bei Gerhard Rühm dient das Akrostichon dazu, mit musikalischen Mitteln aus der Biographie Chopins zu berichten, "vom geburtsjahr 1810 bis zum todesjahr 1849, und zwar insofern 'buchstäblich', als jedem buchstaben (und jeder jahres-zahlen-ziffer) des zuvor erstellten verbalen textes ein bestimmter ton der klaviatur zugeordnet ist, wobei silben zusammenklänge bilden. so erscheint zum beispiel bei chopins begegnung mit george sand eine neue klangverbindung, wiederholt sich von da an mehrmals und verschwindet wieder nach seiner trennung von ihr."(48) Die klingende Biographie Chopins ist mithin eine Tondichtung im wörtlichen Sinne. Im Gegensatz zur "Kleine(n) Geschichte der Zivilisation" fehlt hier das Element des Geräuschs; aber es kann ja auch nicht zerstört werden, was ohnehin nicht mehr lebt.

Zwei weitere Metropolen der musikalischen Geräusch- und Lärmwelt,

Witten und Darmstadt, spielen im Orchester experimenteller und avantgardistischer Kompositionen eine dominierende Rolle.

Witten an der Ruhr ist seit 1968 Veranstaltungsort der "Tage für neue Kammermusik". Auf Initiative und mit Unterstützung des Westdeutschen Rundfunks ist es der Stadt gelungen, alljährlich bedeutende Vertreter der Neuen Musik zu verpflichten. Die Mauern der Stadt sind jedoch trotz der Anwesenheit der "Lärmtöner" bisher nicht zusammengestürzt, und für seine Stadtgeschichtsschreibung benötigt Witten auch kein Buch Josua, das die Eroberung der biblischen Stadt Jericho durch die Israeliten schildert. Obwohl die Zerstörung Jerichos historisch nicht verbürgt ist, hat ja nach der Überlieferung allein die Gewalt der Töne die Stadtmauern zum Einsturz gebracht. "Darauf erhob das Volk das Kriegsgeschrei, und die Widderhörner wurden geblasen. Als das Volk den Hörnerschall hörte, brach es in lautes Kriegsge-

Frédéric Chopin (nach einer Zeichnung von Eugène Delacroix, 1838)

schrei aus. Die Stadtmauer stürzte in sich zusammen, und das Volk stieg in die Stadt hinein, jeder an der nächstbesten Stelle. So eroberten sie die Stadt." (Josua 6,20)[49]

Von Witten aus sind Töne um die Welt gegangen, die den Ruf der Revierstadt als moderne Muse der Komponisten und Interpreten mehr und mehr gefestigt haben. Eine Institution ist entstanden, die für die moderne Musik und für ein kontinuierlich betriebenes Mäzenatentum der öffentlichen Hand wegweisend wurde.

Viele Komponisten der "Neuen Musik" haben sich in Witten eine Plattform geschaffen, deren Grundstein am 25. April 1969 mit der Komposition "Kleines Konzert für Streichquartett und Schlagzeug" von Karl Amadeus Hartmann (1905 – 1963) gelegt wurde. Namen wie Claudio Ambrosini, Luciano Berio, John Cage, Edison Dennisow, Peter Eötvös, Morton Feldman, Rolf Gehlhaar, Hans Werner Henze, Maki Ishii, André Jolivet, Mauricio Kagel, Anestis Logothetis, Tilo Medek, Manfred Niehaus, Hans Otte, Arvo Pärt, Josef Anton Riedl, Dieter Schnebel, Dimitri Terzakis, Michael Vetter, Christian Wolff, Iannis Xenakis und Bernd Alois Zimmermann sind mit diesem Musikfest eng verbunden und bürgten und bürgen für fortschrittliche Klangwerke.

1989 standen die "Tage für neue Kammermusik" unter dem besonderen Motto "3 x 7 = 21 Jahre Witten". Wilfried Brennecke, der langjährige Programmchef: "Ich bat einige der fast 250 hier aufgeführten Komponisten, die 'Witten' durch ihre Musik mitgetragen, die hier Erfolge gefeiert und die der Stadt (wie auch dem Westdeutschen Rundfunk) einen Teil ihrer Bekanntheit zu danken haben, um je ein kurzes Werk, eine Art Huldigung an Witten und sein Musikfest."[50] Die Komponisten sollten unter folgender Prämisse ein Musikstück speziell für die Wittener Tage schreiben: Musik für drei bis sieben Instrumente oder Stimmen, mit einer Länge von drei bis sieben Minuten, die aus drei mal sieben Blas-, Streich-, Tasten- und Schlaginstrumenten, Gesangsstimmen und Elekronik- oder Tonbandteilen zu gestalten war. Welch ein "Lärm" kam hier zusammen!

Der Komponist Alfred Schnittke (* 1934), Sohn einer russisch-wolgadeutschen Familie, griff das Festivalmotto auf und lieferte "3 x 7", ein Stück für sieben Instrumente: Klarinette, Horn, Posaune, Cembalo, Violine, Violoncello und Baß. In der anfangs hymnenartigen Komposition bricht nach und nach vor allem das Cembalo mit seinem freundlich hellen Klang die feierlich-getragene Stimmung auf. Die drei Bläser verbreiten zwar eine bedrohliche Atmosphäre; diese löst sich jedoch gegen Ende dank des sich sequenzweise immer wieder durchsetzenden Cembalos auf und macht einer reinen "Widmungsstimmung" Platz.

Nikolai Badinski (* 1937) beginnt seinen Beitrag "Ein Schwanengesang" (Violine plus Computerklänge) wie eine Arie für einen Zahnarztbohrer, der sich langsam in den Zahn des Patienten frißt. Die den Takt angebende Violine führt hier einen Dialog mit sich selbst, die Computerinstrumente ersetzen das Orchester. Der "Schwanengesang" ist Teil eines umfassenderen *work in progress* mit dem Titel "Orpheus' Gesänge", geschrieben für Solovioline und imaginäres Orchester. Der in Witten vorgestellte Teil, "Orpheus' Gesang Nr. 6", entstand 1988/89. Badinski schafft hier mit Hilfe der auf Tonband fixierten Computereinspielungen ein großräumiges, monumentales Bauwerk, in dem der Violine die Rolle der individuellen "Stimme" zukommt; der Komponist spielt übrigens das Instrument, das er im Verlauf von Studien in Sofia, Ostberlin und andernorts erlernt hat, selbst. Der ungewöhnliche freundliche Charakter dieses Stücks beruht nicht zuletzt darauf, daß sich die Computerklänge nie in den Part der Violine drängen und sich die Violine nicht in den Part des Computers einmischt. Trotz dieser klaren Trennung kommt es zu den schönsten Passagen, wenn beide Instrumente gleichberechtigt unisono erklingen.

Als Schwanengesang bezeichnet man landläufig das letzte Werk eines Komponisten (oder Dichters), in Anlehnung an den Glauben der Antike, daß ein sterbender Schwan herrliche Gesänge ertönen läßt. So wird Badinski sein Werk jedoch sicher nicht verstanden haben. Die Komposition "Ein Schwanengesang" galt vielmehr dem im Jahr 1989 letztmals als Programmgestalter fungierenden Wilfried Brennecke, der die Wittener "Tage für neue Kammermusik" nach 21 Jahren in andere Hände übergab. Vom Abschied ist die Rede, vom Ende einer 3 x 7-jährigen Zusammenarbeit, die Brennecke mit der Stadt Witten und ihren Komponisten verband. Daher keine Totenklage, sondern die Würdigung eines verdienstreichen Mannes, der seine Arbeit in den Dienst der Neuen Musik gestellt hatte.

Natürlich ist Witten eine "Insel", und das Festival, obwohl vom Westdeutschen Rundfunk tatkräftig unterstützt, trägt den Charakter einer halb privaten Veranstaltung. Aber Witten war und ist ein Experimentierfeld für neue Klänge und für das Geräusch in der Musik und hat damit, vor allem in den siebziger Jahren, wesentlich dazu beigetragen, den traditionellen Musikbegriff zu erweitern. Unter diesem Gesichtspunkt ist die Feststellung durchaus nicht als Kritik am Schaffen der Wittener "Musikerfamilie" zu verstehen, wenn man anmerkt, daß viele Komponisten in den letzten Jahren zurückgefunden haben zu einer Tonalität, die in ihren Werken keineswegs konservativ oder gar rückschrittlich wirkt.

Auch in Darmstadt werden, im Jagdschloß Kranichstein, seit dem 25. August 1946 musikalische Geräusche erzeugt. Mit diesem Datum nahmen die ersten "Internationalen Ferienkurse für Neue Musik" ihren Anfang, die bis zum 29. September dauerten. Die von Wolfgang Steinecke begründeten Kurse erwiesen sich für Musiker und Komponisten der jüngeren und älteren Generation rasch als ein Treffpunkt, wo sie ihre Vorstellungen und musikalischen Erfahrungen diskutieren und austauschen konnten. Zunächst jährlich veranstaltet, wurden diese Ferienkurse später im Zweijahresrhythmus durchgeführt. Nach mehreren Ortswechseln residiert heute das veranstaltende Internationale Musikinstitut Darmstadt unter der (gegenwärtigen) Direktion von Friedrich Hommel mit mehreren Archiven in einer Villa in Darmstadt.

Seit 1952 wird zu jedem dieser Ferienkurse der Kranichsteiner Musikpreis verliehen, der herausragende Leistungen auf dem Gebiet der "Neuen Musik" würdigt. Namhafte Komponisten haben die Seminare als Dozenten bereichert, unter ihnen Olivier Messiaen, Pierre Boulez, Bruno Maderna, Ernst Krenek, Dieter Schnebel und Morton Feldman, allesamt Avantgarde-Vertreter, die nicht zuletzt von Darmstadt aus die zeitgenössische Musik mitgeprägt und immer wieder junge Komponisten gefördert haben, die heute einen hervorragenden Ruf genießen. Der Geist von Darmstadt fand jedoch nicht nur Zustimmung. In den Reihen der Komponisten war diese Art der Präsentation "Neuer Musik" oft umstritten. Ein angeblich elitäres Bewußtsein, so der immer wieder geäußerte Vorwurf, führte zu einem Dogmatismus, der nicht überall geschätzt wurde. Trotzdem können die Darmstädter Kurse mit ihrem Mut zum musikalischen Experiment und ihrer Bereitschaft, ständig neue Standortbestimmungen vorzunehmen, für sich in Anspruch nehmen, immer wieder zur Durchsetzung innovativer Tendenzen beigetragen zu haben.

In Darmstadt hat eine große Zahl von Werken ihre Uraufführung bzw. deutsche Erstaufführung erlebt. Einige Beispiele aus den vergangenen fünfundvierzig Jahren:

1947: Karl Amadeus Hartmann, "China kämpft";
1950: Josef Matthias Hauer, "Zwölftonspiele";
1954: Ernst Krenek, "Dunkle Wasser";
1957: Karlheinz Stockhausen, "Klavierstück XI";
1960: Milko Kelemen, "Epitaf";
1974: Peter Eötvös, "Elektrochronik";
1978: Rolf Gehlhaar, "Linear A";
1982: Clarence Barlow, "Im Januar am Nil";
1986: Morton Feldman, "For Christian Wolff".

Das Feld, das in Darmstadt beackert und abgeerntet wurde und wird, umfaßt nahezu die gesamte (Musik-)Kunst unserer Zeit. Zu Beginn stand die

Zwölftonmusik von Arnold Schönberg und seinen Schülern im Mittelpunkt der Kurse, später rückte die elektronische Musik ins Zentrum des Interesses, und heute sind es die vielfältigen Ausdrucksformen der nicht zuletzt von deutschen Komponisten mitgestalteten "Neuen Musik", die in Darmstadt eine Gesamtschau der zeitgenössischen Avantgarde ermöglichen. Immer wieder wurden hier neue Strömungen deutlich, die dann von den anderen Beteiligten aufgenommen und innerhalb der zwei Jahre bis zu den nächsten Darmstädter Tagen verarbeitet wurden.

Aktuelle Tendenzen der "Neuen Musik" zu vermitteln und auf diese Weise mitzugestalten, darin liegt auch eines der Erfolgsgeheimnisse des ungemein populären *Kronos Quartet*. Die vier Musiker aus San Francisco – David Harrington, John Sherba, Hank Dutt und Joan Jeanrenaud – schöpfen ihr Repertoire aus dem Œuvre so unterschiedlicher Komponisten wie Charles Ives und Jimi Hendrix, Ornette Coleman und Béla Bartók. Am 25. und 27. Juli 1984 führte das Quartett während der 32. Ferienkurse für Neue Musik in Darmstadt und im Rahmen der Gastkonzerte des Hessischen Rundfunks mehrere Werke zeitgenössischer Komponisten auf. Den Anfang machte das rund vierstündige "2. Streichquartett" von Morton Feldman, das hier seine europäische Erstaufführung erlebte. Am zweiten Abend bot das Quartett, das sich bereits durch sein dem Outfit einer New-Wave-Popband ähnelnden Äußeren von den übrigen Ensembles unterschied, die Uraufführung der "Thirty Movements For String Quartet" von John Cage und "The Song Of The Emerald Runner" von Terry Riley. Auch zwei Jahre später, während der 33. Darmstädter Ferienkurse, nahm sich das Quartett neuer Werke von Komponisten an, die sich in Darmstadt bereits einen Namen gemacht hatten; zur Uraufführung kamen das "2. Streichquartett" des Deutschen Peter Michael Hamel und die für Streichquartett und computergesteuerte Synthesizer geschriebene Komposition "Four Or Five" des US-Amerikaners Alvin Curran. Die vier Neutöner aus USA verkörperten in Darmstadt all das, was im Spannungsfeld von Musik und Lärm das eigentlich Interessante und in kreativer Hinsicht Wegweisende ausmacht – ein Jubelfall für die eine, ein Streitfall für die andere Hälfte des Publikums. Das *Kronos Quartet* war und ist so unorthodox, wie man sich die Interpreten Neuer Musik häufiger wünscht: undogmatisch, originell, unbequem, doch immer mit dem nötigen Ernst und einem erfrischenden Spielwitz bei der Sache Musik. Und Witten und Darmstadt? Die beiden Städte sind nicht (nur) Marktplätze für zur Schau gestellte Eitelkeiten, sondern zuerst und vor allem Umschlagbörsen für den innovativen Geist zeitgenössischer Musik.

13

Der Geist aus der Lärmflasche

Der Campanile, besser bekannt unter dem Namen "Der schiefe Turm von Pisa", mit dessen Bau 1173 begonnen wurde, neigt sich zunehmend gen Süden. Das wird einen Lärm geben, wenn DER fällt! Immerhin weigert er sich einstweilen standhaft, sich von seinem sandigen Fundament zu lösen, und läßt als touristische Attraktion die Lira in der Kasse klingeln. Das beständig von Einsturzgefahr bedrohte Kulturdenkmal steht (noch) als einsames Bollwerk und Symbol gegen die Seuche der durch typische Erscheinungen des Industriezeitalters – Umweltverschmutzung! – vom Einsturz bedrohten Bauwerke. Seit der Antike sind Tempel und ganze Städte jäh in sich zusammengefallen, teils durch kriegslüsterne Menschenhand, teils durch unabwendbare Naturereignisse wie Erdbeben und Überschwemmung. Und stets war damit ein großer Lärm verbunden.

Die Berliner Musikgruppe *Einstürzende Neubauten* (Blixa Bargeld, Mark Chung, Alexander Hacke, F. M. Einheit, N. U. Unruh) schert sich indes nicht um den Lärm der großen weiten Welt – sie macht ihn selbst. Der Name der Formation ist Programm: kompromißlos bis zur Schmerzgrenze organisiert das Quintett seine Lärmmusik. Bis zur Primitivität zurückgenommene musikalische Ausdrucksformen vermitteln das brutale Bild einer zubetonierten Gesellschaft. Die Attacken der *Neubauten* gegen überkommene Hörgewohnheiten sind die Antwort auf unsere Industriegesellschaft, die ihr ungeschminktes Gesicht, die Arbeitswelt der lärmerfüllten Fabrikhallen und kalten Computerzentren, hinter animierend wohlkligender Kaufhausmusik verbirgt, die wohl kaum als "Lärm" tituliert werden kann.

Wie Artisten auf dem Hochseil balancieren die Berliner zwischen Geräusch und Musik, und wenn Blixa Bargeld (* 1959) die Zeilen "Zerstört die Städte ..., macht sie dem Erdboden gleich" singt (auf der LP "Kollaps"), dann läßt sich diese Aufforderung an Radikalität schwerlich überbieten und grenzt geradezu an einen Aufruf zu strafbarer Handlung. Diese Interpretation allein wäre allerdings doch etwas voreilig und vordergründig. Im Werk der *Einstürzenden Neubauten* werden lediglich Phänomene, mit denen wir es heute tagtäglich zu tun haben und die auf anderer Ebene durchaus denselben Straftatbestand erfüllen (müßten) – verwiesen sei nur auf die Vernichtung von Wohnraum durch Spekulanten –, aufgegriffen und transponiert, mit radikalen Slogans und einer enervierend lärmvollen Musik.

Das "Kollaps"-Cover präsentiert die gesamte Bandbreite der Instrumente, die die Band insbesondere während ihrer Live-Auftritte einsetzt und die den naiven Zuhörer in Angst und Schrecken versetzen: Preßlufthammer, Megaphon, Eisensäge, Stahlrohre, Zangen, Stahlplatten – aber auch Gitarren, Keyboards, Schlagzeug. Sie alle vereinen sich zu einer infernalischen Lärmorgie. Auch die Songtitel tragen nicht gerade zur Beruhigung des Zuhörers bei: "Vorm Krieg", "Hirnsäge", "Draußen ist feindlich", "Hören mit Schmerzen".

Erst der Punk hat diese Radikalität in Text und Musik möglich gemacht – jene musikalische Bewegung, die, zuerst in England, die unerträglichen sozialen Verhältnisse mit musikalischen Mitteln thematisiert hat. Die Frage nach dem musikalischen Stil stellte sich nicht mehr, für "sensible" Texte oder ausgetüftelt bombastisches Rockvirtuosentum war kein Raum. Stattdessen: das Zurückschrauben der Musik auf einfache, unprätentiöse Ausdrucksformen – ein Sprengsatz unter den elitären Allüren der satten Rock-Superstars.

Blixa Bargeld (Einstürzende Neubauten)

"Punk wurde zur ersten Bohèmekultur, die ihre Ausdrucksmittel aus der Arbeiterklasse nahm, ohne daß die Punker zu ihr gehören müssen. Kunststudenten, Hippies und Aussteiger, heute auch Arbeitslose, Trebegänger: die Punk-Szene provoziert die bürgerliche Ästhetik aus der Warte derer, die von Berufskarrieren und bürgerlichen Standards ausgeschlossen sind."(51) Die *Einstürzenden Neubauten* sind in dieser Hinsicht weiter als die meisten gegangen. Ihre Auftritte in Kellerlöchern hatten und haben nichts mit den "Gigs" avancierter Supergruppen in Stadien oder Sporthallen gemein.

Der Grund, weshalb sich die *Einstürzenden Neubauten* Einstürzende Neubauten nannten, wurde spätestens mit der 1987 veröffentlichten Platte "5 auf der nach oben offenen Richterskala" deutlich, deren Titel sich auf die bekannte Skala zur Bemessung der Erdbebenstärke bezieht: 0 = absolute Ruhe, 1 = spürbare Vibrationen, 2 = Risse in der Mauer, 3 = Bauwerke zittern, 4 = Teile von Gebäuden zerstört, 5 = einstürzende Neubauten. Mit ihrem Namen weist die Gruppe darauf hin, daß Lärm (und Musik) etwas Alltägliches und nicht nur ein Produkt der menschlichen Zivilisation ist, sondern als Folge von Naturgewalten im Verborgenen stets gegenwärtig bleibt.

Ein *Neubauten*-Stück heißt "Zerstörte Zelle": Aus einer Zelle entsteht das Leben, das zerstört wird; eine Zelle kann aber auch das Gefängnis sein, das es zu zerstören gilt; und sie ist der Mensch, der allmählich, "Zug um Zug um Zug" zerfällt. Nach oben ist auf der Richterskala alles offen; "nach oben" kennt auch der Lärm keine Grenze. "Nach oben" orientieren sich die *Einstürzenden Neubauten*, um zu der Erkenntnis zu gelangen: "Mein Kopf ist ein Labyrinth – Mein Leben ist ein Minenfeld" (in "MoDiMiDoFrSaSo").

Und plötzlich finden wir die *Einstürzenden Neubauten* im Deutschen Schauspielhaus in Hamburg wieder. In Peter Zadeks Revue "Andi"(52) von 1987 geben sie dem Publikum eine Kostprobe ihres Lärmspektakels. Die Geschichte vom herumlungernden Andi und seiner Clique, die im August 1979 randalierend durch Hamburg-Duisberg zieht, ist für Blixa Bargeld und seine Gruppe Anlaß, dem "Hochkultur"-Publikum im subventionierten Theater eine Gänsehaut zu verpassen. Der sechzehnjährige Andi wird am Ende von einem braven Bürger niedergeschossen und verblutet. Das auf Konfrontation und Schockwirkung setzende Schauspiel führt vor, wie die Spirale der Gewalt höher und höher geschraubt wird, bis zum tödlichen Finale. Die Musik, die die *Einstürzenden Neubauten* liefern, ist die explosive klangliche Umsetzung der "Underdog"-Perspektive. Hier prallen zwei Welten – die des Bürgers und die des revoltierenden Außenseiters – aufeinander, die nicht nur durch unterschiedlichen Musikgeschmack getrennt sind. "Die *Neubauten* machen zwar nur Lärm, aber das paßt: Wie die Eröffnungsszene plötzlich umkippt in die finstere Endzeitvision, wie die Straßengangs im Müllhaufen

Einstürzende Neubauten: Die große Untergangsshow, Berlin, Tempodrom 4.9.1981

Hamburg zu schädelspaltenden Klängen den Aufstand proben – hier gelingt das große apokalyptische Bild; das Ende der Welt: in einem U-Bahnschacht mit einer Eisenstange erschlagen werden."(53)

Keine Angst vor politischen Aussagen, und seien sie noch so unbequem, zeigen die *Einstürzenden Neubauten* auch auf ihrer Langspielplatte "Haus der Lüge". Die theatralischen Elemente von "Andi" sind hier einer rein musikalischen Inszenierung gewichen. Die heftigen Straßenkämpfe, die am 1. Mai 1987 in Berlin-Kreuzberg stattfanden (nicht nur wegen des Besuchs des US-Präsidenten Ronald Reagan), finden ihren Niederschlag in der Trilogie "Fiat Lux", die einen bezeichnenden Untertitel trägt: "Maifestspiele". Der Straßenlärm während der gewalttätigen Demonstrationen wirkt auf das Ohr des Zuhörers so aggressiv wie die Kampfgeräusche eines Bürgerkriegs. Polizeisirenen, Schreie, Verhaltensanweisungen und Pfiffe lassen die Realität zwei Jahre nach den Ereignissen von 1987 in den Wohnstuben noch einmal lebendig werden – überall dort, wo eine Stereoanlage steht. Die *Einstürzenden Neubauten*, die Stahlkapelle ohne Neigung, sich dem Zeitgeschmack anzupassen, lassen dem Lärm freien Lauf: ungefiltert, brutal und schnörkellos stürzt die Welt auf die Welt.

"Dandy", ein Collage-Musik-Film von Peter Sempel (* 1955), stellt für den Musiker Blixa Bargeld eine weitere Bühne dar. Der Film ist eine Reise in 93 Minuten um die Erde, "auf der Suche nach dem göttlichen Unsinn des Hierseins" (Verleihprospekt). Mit musikalischer Untermalung von *Einstürzende Neubauten*, den *Toten Hosen, Yello*, Nick Cave und anderen führt er uns nach Berlin, Marrakesch, Kairo, London, Frankfurt, New York, Tokio. Die dramatischen Zustände in den Slums werden mit musikalischen Mitteln beschrieben. Das hat Tradition; der Schmerz über unerträgliche soziale Verhältnisse hat in allen Kulturen seinen Ausdruck immer auch in der Musik gefunden. Nicht anders hier: Klagegesänge, Erzähltexte und Ausbrüche von infernalischem Lärm lassen uns unser Ohrenmerk auf die Zustände außerhalb unserer eigenen vier Wände richten. Das geht nicht schmerzfrei ab. Der Film ist ein Dokument der Suche nach einem Ausweg, der Entwurf einer Reise in eine sanfte Kultur. Denn, wie Joachim Ernst Berendt feststellt: Die Welt ist Klang, und Klang ist alles, was wir hören (können).

Während Blixa Bargeld "Der Tod ist ein Dandy" singt, steht er in einem Wadi in der Sahara, einem Flußbett ohne Wasser, das nur der hin und wieder einsetzende Platzregen für kurze Zeit mit einem reißendem Strom füllt. Wasser ist lebensnotwendig, es gibt kein (Über-)Leben ohne Wasser, weder in den Städten noch in den Wüsten. Im Film fließt aus der heiligen Kanne das lebenspendende und -rettende Wasser über Blixas Kopf auf den ausgetrockneten Wüstenboden. Was das mit unserem Thema, dem Lärm, zu tun hat? Die täglich neu fortgeschriebene Schöpfungsgeschichte, die dieser Ritus symbolisiert, ist nicht ohne Blitz und Donner, nicht ohne Urgewalten und Urknall entstanden. Wenn sich der Sänger der Stahlkapelle *Einstürzende Neubauten* unter dem klaren Wasserstrahl von allem Destruktiven reinwäscht, bekennt er sich zu diesem positiven Lebenselement. Und die Musik transportiert die mystische Botschaft des Films ohne Umweg in den Kopf des Betrachters.

In enger Geistesverwandschaft zu den *Einstürzenden Neubauten* steht die englische Band *Throbbing Gristle*. Die Produktionen dieses "Industry"-Unternehmens sind in jeder Hinsicht radikal. Die Musik von Chris Carter, Peter Christopherson, Genesis P. Orridge und Cosey Fanni Tutti ist dort angesiedelt, wo keine Schallschutzwand mehr hilft, den Lärm aufzuhalten. Befreit von den Konventionen der gitarrenorientierten Rockmusik schleicht das Trio durch Lärmzonen, die kaum ein menschliches Ohr auszuhalten vermag. *Throbbing-Gristle*-Klänge sind unkontrolliertes Chaos, das sich vor allem während der Bühnenauftritte der Gruppe in orgiastischen Gewalt- und Terroraktionen Bahn bricht. Hier ist kein Platz mehr für lyrisch Feinsinniges, weder in den Texten noch in der Musik. Aber genau darauf legt es die Band an: auf den Schock, den ihre Produktionen bei Publikum und Presse auslösen.

N. U. Unruh (Einstürzende Neubauten)

Nick Cave

Throbbing Gristle sind entschlossen einen Schritt über das Gewohnte, das gerade noch Akzeptable hinausgegangen; im Mittelpunkt ihrer Performances, Musikprojekte, Film- und Videoaufnahmen, die sie in der sogenannten "Death Factory" erarbeiten, steht das Thema Tod. Auf dem eigenen Label "Industrial Records" vertreibt die Gruppe zahlreiche Toncassetten, die während ihrer Konzerte aufgenommen wurden. Ihr letzter Live-Auftritt, der am 29. Mai 1981 in San Francisco stattfand und der für die LP "Mission of Death Souls" mitgeschnitten wurde, vermittelt einen kleinen Einblick in ihre Geistes- und Klangwelt.

Die Aktionen der Band pendelten stets zwischen spektakulären Geschmacklosigkeiten und "künstlerischen" Performances. Sie verstand es, ihr Publikum derart zu schockieren, daß ihre Konzerte nicht selten in Saalraufereien und Gewaltorgien endeten. Unter dem Titel "TG Psychic Rally In Heaven" hat der Regisseur Derek Jarman (* 1942) einen Auftritt der Gruppe vom 23. Dezember 1980 festgehalten. Der 1981 während der Internationalen Filmfestspiele in Berlin uraufgeführte achtminütige Kurzfilm ist das Gegenstück zum traditionellen Konzertfilm. Jarman zeigt nicht einfach die Akteure, sondern interpretiert die *Throbbing-Gristle*-Klänge in phantasievollen Bildern und lenkt mit Doppelbelichtungen und nochmals abgefilmten Filmsequenzen die Aufmerksamkeit des Betrachters auf die Musik selbst.

Welcher Begriff wäre dem Werk von *Throbbing Gristle* angemessen? Katastrophenwelt? Stahlgewitter? Sadomasochistischer Exhibitionismus? Die Betonmixerklänge von *Throbbing Gristle* sind angereichert mit Blut, Schweiß und Tränen, jenen Körpersäften, ohne die das Leben nicht möglich ist, die aber auch den Tod begleiten.

Genesis P. Orridge hat sich einmal zum Thema Gewalt so geäußert: "Jede Tageszeitung schreibt über Gewalt, Verbrechen, Vergewaltigung, Einbruch, Krieg. Jedes TV-Programm berichtet davon. Die Leute auf der Straße reden darüber. ...Ich weiß nicht, wieso es plötzlich für eine Gruppe, die Musik macht, indiskutabel sein soll, Dinge zu erwähnen, wie sie sonst überall in den Medien gang und gäbe sind.".[54]

Ein Besuch von Genesis P. Orridge in der nationalsozialistischen Todesfabrik Auschwitz erregte großes Aufsehen. Dort, wo Juden ermordet worden waren, sei nicht der Platz für Public-Relation-Aktionen von *Throbbing Gristle*, hieß es. Doch es wäre ein Mißverständnis, wollte man der Gruppe Gewaltverherrlichung vorwerfen. Was die Gruppe bot, war eine kompromißlose Musik, die sie nicht als Kunst um der Kunst willen verstanden wissen wollte, sondern als umfassende Beschreibung einer kalten und abgestumpften, manchmal brutalen, manchmal auch schlicht unwissenden Generation. Irgendwo zwischen Gleichgültigkeit und bizarrem Aktionismus stülpten *Throbbing Gristle* die Lärmflasche um und bedeckten ihr Publikum mit dem akustischen Äquivalent einer übelriechenden, doch heilsamen Medizin. Ihre Aktionen wirkten wie psychologische Kriegführung und psychiatrische Forschungsreisen. Aber ihre Radikalität stieß nicht wenige Musikliebhaber ab und verbaute ihnen so nur allzuoft den Zugang zu den Inhalten dieser extremen musikalischen Darstellungsformen.

14 L / A / U / S

Anfang der achtziger Jahre schuf die New Yorker Multi-Media-Künstlerin Laurie Anderson (* 1947) mit "United States I – IV" ein Werk, das eine Vielzahl von Spielarten der Musik und des Theaters zu einer heute bereits als klassisch geltenden Performance verschmolz. Vor allem versuchte sich die Künstlerin mit Erfolg an der Integration experimenteller elektronischer und minimalistischer Elemente in die populäre Musik. Auch ihren Bühnendarbietungen verlieh sie ohne den Bierernst manch anderer Avantgardisten stets den Reiz des Clownesken.

Laurie Anderson ist das Gegenteil eines Popstars, obwohl sie alle nötigen Qualitäten dazu besitzt; um ihre Person einen Kult zu treiben, hieße, ihre Intentionen mißzuverstehen. Die Musikerin, Texteschreiberin und Sängerin liefert keine effekthascherischen Bühnenshows, die ihr fashionables Äußeres in den Mittelpunkt stellen. Ihre Performances gestaltet sie ganz im Sinne ihres künstlerischen Anliegens.

Die Geschichtenerzählerin Laurie Anderson erzählt von blauen Lagunen ("Blue Lagoon") und seltsamen Engeln ("Strange Angels"), setzt sich mit der großen Wissenschaft ("Big Science") und dem Virus Sprache ("Language Is A Virus") auseinander und untermalt ihre Geschichten mit verblüffend einfachen, aber effektvollen Klängen.

Die achtstündige Szenenfolge "United States I – IV", Andersons umfangreichstes und wichtigstes Werk, versucht sich an einer Gesamtschau der Kultur der Vereinigten Staaten. Geschichten, Eindrücke und Beobachtungen vermitteln das Bild einer Lebensweise, die von einer allgegenwärtigen Technik (Kabelfernsehen, Telefon, Auto) geprägt ist, ohne die der *American Way of Life* schlechthin undenkbar wäre. Die von Traumbildern durchsetzten Geschichten heben die amerikanische Realität auf eine Plattform, auf der sie dem kritischen Blick der Künstlerin ungeschützt ausgesetzt sind, wobei die häufig durch einen Vocoder verfremdete Stimme noch zusätzliche Distanz schafft. Sprachduktus und Gesang verändern sich dabei stets so, wie die ausgedrückten Gefühle wechseln: Energie, Bitte, Forderung, Traurigkeit vermitteln sich bereits im Klang der Stimme; diese ist so modulationsreich, daß alles Sprechen und Singen wie in einer einzigen fließenden Bewegung verläuft. Ihre Stimme ist für Laurie Anderson das wichtigste Gestaltungselement und -instrument.

Die von Laurie Anderson entwickelte *"Tape Bow Violin"* ist eine faszinierende Geräuschmaschine, eine raffiniert konzipierte Mischung aus klassischem Musikinstrument (Geige) und moderner Technologie (Tonband). Sie besteht aus einem unbesaiteten Geigenkorpus, einem Tonkopf für die Wiedergabe und einem Bogen, der mit einem präparierten Tonband bestückt ist. Mit dieser elektrifizierten Violine erzeugt die Spielerin neuartige Klänge von enormer Dichte, die im Ohr des Zuhörers ungewohnte akustische Eindrücke auslösen: eine abenteuerliche Reise in die Welt des Hörens.

Laurie Anderson hat in konsequenter Weise das visuelle Hören auf die Bühne gebracht. "Visuelles Hören": ein Paradoxon, sicher, denn Hörbares ins Bild setzen oder, umgekehrt, Sehbares in Klänge, erscheint uns zunächst wie die Umkehrung von Schwarz in Weiß. Die Schattenspiele, die den Anderson-Song "O Superman" begleiten, sind jedoch keineswegs selbstzweckhafte visuelle Spielereien mit Licht und Schatten; sie dokumentieren vielmehr die umfassende Einbeziehung der darstellenden Kunst in eine musikorientierte

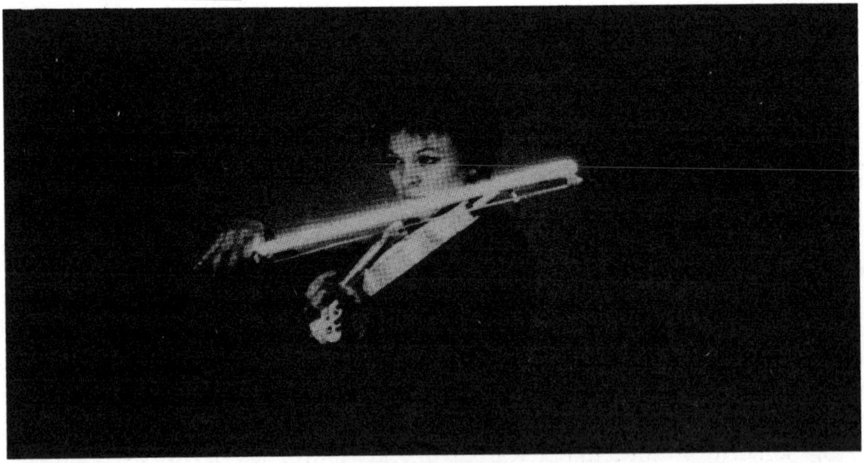

Laurie Anderson

Bühnenshow. Natürlich könnte man Laurie Anderson Eklektizismus vorwerfen; tatsächlich bedient sie sich in ihrer Arbeit nahezu sämtlicher bekannten Kunstformen. Der Vorwurf beinhaltet jedoch eine Etikettierung, die an der ästhetischen Wahrheit ihrer komplexen (Gesamt-)Kunst vorbeizielt. Was bei vielen populären Künstler(inne)n bloß optisches Beiwerk und Spiel mit Showelementen – bunte Scheinwerfer, etc. – ist, fügt sich bei Laurie Anderson in ein ausgeklügeltes Konzept.

Die Weltpremiere des Projekts "United States 1 – 4" fand, nachdem verschiedene Teile bereits früher aufgeführt worden waren, vom 3. bis 10. Oktober 1983 in der Brooklyn Academy of Music in New York statt. Das Mammutkonzert war ein Prüfstein, eine Toleranz- und Konditionsprobe für das Publikum, denn diese Synthese von elektronischer Musik und avantgardistischem Theater, poetischer Talkshow und optischer Lichtmalerei, war zum damaligen Zeitpunkt neu und einmalig und, zumindest für "E-Musik"-Hörer, eine Provokation. Das Opus, in dem die Künstlerin ihr Publikum auf eine rund achtstündige USA-Reise entführte, enthielt nämlich nicht nur Elemente der musikalischen Avantgarde, sondern schöpfte auch aus dem Fundus der verpönten Rockmusik.[55]

Die gleichnamige LP zum Konzertfilm "Home Of The Brave" (1985) war, wenngleich mit bescheideneren Mitteln realisiert, die konsequente Fortsetzung der multimedialen Reise. Zugänglicher und "kommerzieller" (wirklich ein Schimpfwort?) als "United States", diente der Soundtrack nicht mehr nur dem Kitzeln der von ordinären Hitparadensounds oder traditioneller E-Musik verstopften Gehörgänge, sondern wies auf eine noch zu realisierende Rock-/Tanz-Musik mit avantgardistischen Momenten voraus.

In dem Song "Late Show" etwa fand die im Samplingverfahren abgespeicherte Stimme des von Laurie Anderson verehrten Schriftstellers William S. Burroughs (* 1914) Eingang in die Welt der populären Musik. Und der an die besten Werke des musikalischen Grenzgängers Frank Zappa erinnnernde Gesang im Titel "Talk Normal" war mit seinen parodistischen Untertönen alles andere als eine Aufforderung zu "normalem Sprechen". So herzzerreißend "stimmlos" wie die Vokalistinnen Dolette McDonald und Janice Pendarvis jaulten und quäkten zuletzt Zappas *Mothers of Invention*; die Haarzellen im Innenohr kräuselten sich vor freudigem Entsetzen. Daß es bei dem musikalischen "Lärm" um mehr ging als um die Verunsicherung konservativer E- und U-Musik-Hörer, verdeutlichten Songs, die Laurie Anderson selbst ohne jede musikalische Begleitung vortrug: "White Lily" und "Radar".

So mußte sie klingen, die Computer-Welt, in der die Sprache wie ein Virus wirkt (Burroughs: *"Language is a virus from outer space"*)! Das stereophone Hin und Her in den Kopfhörern und die Cut-Up-Texte der Burroughs-Schülerin Anderson, die die sprachliche Syntax so rücksichtslos zerschnitt wie ihr Mentor, vermittelten dem Zuhörer einen ersten klangbildhaften Eindruck von künftigen Space-Zeitaltern. Von William S. Burroughs, dem ersten Cut-Up-Poeten, stammt der Satz: "was wir sehen wird weitgehend bestimmt durch das was wir hören."[(56)] Damit umschreibt Burroughs seine These, daß akustische Inhalte die visuellen beeinflussen (und umgekehrt), obwohl die meisten von uns noch immer auf der strikten Trennung von Gehörtem und Gesehenem beharren: Das Sichtbare ist ja greifbar, auch wenn der "Soundtrack" – die Geräusche, die Musik – die vermeintlich gesicherte Erkenntnis Lügen straft.

Der aus St. Louis, USA, stammende Burroughs, der lange Jahre an der Heroinnadel hing, wurde seit den Sechzigern zum Vorbild für mehr als eine Generation moderner Autoren, insbesondere der Beat-Poeten; seine drastischen Schilderungen aus dem Junkie-Alltag machten ihn zum Leitbild auch für die Jüngeren. Im musikalischen Werk von Laurie Anderson taucht Burroughs, der Inspirator zahlreicher Vertreter der zeitgenössischen avantgardistischen und elektronischen Musik, immer wieder auf, sei es als Rezitator eigener Texte oder als still anwesender "guter Geist". Burroughs' Werk, seine experimentellen Texte und sein Abstieg auf unbekannte Ebenen des menschlichen Bewußtseins, dokumentiert die überaus fruchtbare Symbiose zwischen Literatur und Musik. Laurie Anderson als die Geschichtenerzählerin der Avantgarde und William S. Burroughs als der Erforscher der psychedelischen Geheimnisse – ein einzigartiges Duo im Lärm der Gegenwart.

William S. Burroughs

15

John (Cage) & John (Zorn)

"Kein Künstler hat in unserem Jahrhundert den Begriff dessen, was Musik sei oder wenigstens sein könne, tiefgreifender umgeprägt als John Cage, kein Musiker hat auf andere Kunstrichtungen der Avantgarde einen so umfassenden Einfluß ausgeübt wie er."(57) James Klosty hat den 1912 geborenen John Cage beim Pilzesammeln photographiert: Cage schaut ebenso überrascht wie amüsiert in die Kamera, in der linken Hand einen Weidenkorb voller Pilze. Die friedliche, Naturverbundenheit signalisierende Aufnahme dokumentiert die andere Seite des mancherorts als krachmachender Utopist verschrieenen Komponisten, der zugleich ein anerkannter Experte für Pilzkunde ist.

Der New Yorker Komponist John Zorn (* 1953) ist jener amerikanischen Musik zuzuordnen, die als "Noise Music" tituliert wird und deren Hochburg der südliche Teil Manhattans (Soho, Lower East Side) ist. Von dort aus beeinflußte die "Noise Music" die zeitgenössische Avantgarde-Musik. Cage kam 1945 in die Lower East Side und hinterließ dort seine Spuren; und Zorn, der Angehörige einer jüngeren (Jazzer-)Generation, hat keine Scheu, sich auf Cage zu berufen.

John Zorn ist ein Meister des Zitats, der Collage und Montage. In seinen Kompositionen finden sich Elemente und Einflüsse aus dem Werk vieler anderer Komponisten. Schnipsel, Splitter, Späne: Zorn setzt seine Stücke nach Art der aus der Videoclip-Technik bekannten rasanten Schnittfolgen zusammen. Populäre Filmmusikthemen und Anleihen aus dem Bereich des Mainstream-Jazz werden radikal und nicht selten bis zur Unkenntlichkeit verändert.

John Cage hingegen läßt in vielen seiner Werke den ausführenden Musikern absichtlich große Freiräume; ihre spontanen Erfindungen dienen ihm als willkommenes zusätzliches Gestaltungselement. Präzise zeitliche Vorgaben und sparsame Spielanweisungen, bei denen nicht von einer Notation im herkömmlichen Sinn gesprochen werden kann, stellen die Interpreten vor die Aufgabe, das jeweilige Werk inhaltlich mit eigenen Ideen zu füllen. So entstehen immer wieder neue Varianten, die einmalig und nicht reproduzierbar sind. Cage hat dieses kompositorische Verfahren im Zusammenhang mit seinen "Variations" recht ausführlich dargelegt.

Einige Beispiele: "Variations I": geschrieben für eine beliebige Anzahl von Spielern, die jeden denkbaren Klang erzeugen;

"Variations III": geschrieben für einen Spieler oder eine beliebige Anzahl von Spielern, die jede beliebige Aktion ausführen;

"Variations IV": geschrieben für eine beliebige Anzahl von Spielern, für beliebige Klänge oder für jede mögliche Kombination von Klängen, produziert durch wen auch immer, mit oder ohne weitere Aktionen;

"Variations VI", geschrieben für eine Vielzahl von Klangsystemen.[(58)]

Bei dieser Vielfalt wird die Beliebigkeit der Aufführung geradezu zum System und Programm. Aber auch wenn diese "Beliebigkeit" auf den ersten Blick hervorsticht, so greift Cage doch immer wieder auf ein anderes Element, die Zeit, zurück, die in seinen Werken einen festen Bezugsrahmen darstellt. Häufig bestehen seine Stücke (worauf oft schon der Werktitel verweist) nur in einer Folge zeitlicher Abläufe, innerhalb derer sich der Ausführende selbst überlassen bleibt. Auf der Basis der sparsam skizzierten Vorgaben kann der Musiker in größtmöglicher künstlerischer Freiheit das Werk so interpretieren, wie er – und nicht der Komponist – es versteht. Cage ist sich der daraus folgenden Tatsache bewußt, daß jedesmal andere Ergebnisse zustande kommen, die mit seinem ursprünglichen kompositorischen Konzept nicht (mehr) übereinstimmen müssen. Die Abweichung ist gewollt.

"Die Musik, die ich vom 15. Lebensjahr an am meisten liebte, war die Musik einzelgängerischer Komponisten, wie Varèse oder Ives, wie Cage und Partch, wie Mauricio Kagel und Stockhausen. Diese Kompositionen waren auf der schneidenden Kante dessen, was sie machten, und es war diese Tradition, die mich anzog. Also von Anfang an war ich daran interessiert, verschiedene Klänge zu erforschen."[(59)]

Während des 18. Internationalen New Jazz Festival in Moers (Pfingsten 1989) stellte John Zorn seine neue Gruppe *Naked City* (mit Bill Frisell, Wayne Horvitz, Fred Frith, Joey Baron) vor, die in Deutschland zuvor schon beim Berliner Jazzfest 1988 zu hören gewesen war. Die "Nackte Stadt" präsentierte ein akustisches Szenario all dessen, was im Asphalt- und Wolkenkratzerdschungel westlicher Großstädte am Ende der achtziger Jahre des 20. Jahrhunderts hörenswert ist: musikalische Zitate aus zahlreichen Stilen und

Epochen, Reminiszenzen an die Popmusik, Lärmskulpturen aus dem Arbeitsalltag der Industriestädte, witzige Klangfetzen und jede Menge improvisierter Avantgarde-Musik. Mit überschwenglicher Spielfreude bewältigten die Musiker ihr vielseitiges Programm, ohne daß ihr Vortrag je in Hektik ausartete. Cut-Up-Musik total: Filmmusikklänge von Ennio Morricone, Broadway-Melodien, Experimentalstücke à la Cage, ein wenig Heavy-Metal und viel rhythmisch swingender Jazz. Keine Frage, hier wurde ein Gemischtwarenladen eröffnet, aber rechtfertigte das eigenwillige Konzept wirklich den Generalverriß eines Kritikers wie Peter Niklas Wilson, der von der "zynisch kalten Trümmerwelt eines John Zorn" sprach, "in der die Spieler wütend oder gelangweilt mit den Ikonen der musikalischen Warenwelt um sich werfen, sich an der Banalität der versammelten Klischees weiden, mit der Kühnheit ihrer bizarren musikalischen Montagen prunken"?(60) Selbstverständlich war der John Zorn von Moers für Jazzpuristen die Inkarnation der Apokalypse, ein Derwisch, der den Zuhörern mit seinem Lärm einen Vorgeschmack auf jenseitige Höllenqualen bot.

Ein anderes Produkt aus dem "Gemischtwarenladen" ist die 1988 von John Zorn veröffentlichte Platte "Spillane". Mit Höchstgeschwindigkeit rasen hier am Zuhörer drei völlig unterschiedlich konzipierte Musikstücke vorbei, die Zorns Kompositions-, Improvisations-und Montagetechnik in einer Weise dokumentieren, die dem unvorbereiteten Hörer wahre Lärmschauer über den Rücken jagt. Insbesondere das 25 Minuten lange Titelstück ist eine Teufelsaustreibung im Formel-1-Tempo. Das literarische Werk von Mickey Spillane, einem der klassischen Autoren des Kriminalromans der US-amerikanischen *"school of hard-boiled writers"*, macht Zorn hier zum Ausgangspunkt einer wahnwitzigen Soundcollage. Die Schnitzeljagd auf musikalischem Terrain ist eine Herausforderung an die Geduld und die Bereitschaft des Hörers, sich mit den ständigen Wechseln der Tempi, Taktarten und Melodie(fetze)n auseinanderzusetzen. Der hektische Lebensrhythmus und die zeitlupenartige Langsamkeit, die die Recherche des Privatdetektivs bestimmen, liefern Zorn die Vorgabe für seine hochentwickelte Kunst des Arrangierens und Collagierens; so wie die Großstadt dröhnt, so tönt es auch aus den Lautsprecherboxen.

Die Kompositionen "Two Lane Highway" und "Forbidden Fruit" bilden den Gegenpol zum Titelstück. Die erstgenannte ist dem Gitarristen Albert Collins (* 1930) gewidmet, der mit seinem Instrument an einer vielbefahrenen Schnellstraße steht und mit seinem Blues dem anbrandenden Verkehrslärm trotzt; in der zweiten erhält das mitwirkende *Kronos Quartet* die Gelegenheit, den Klang seiner akustischen Streichinstrumente gegen das elektronische Scratching des "Disc-Jockeys" Christian Marclay zu setzen. John Zorn erweist sich hier als ein Innovator, der mit seinem assoziativen Zitieren aus dem Fundus der jüngeren Musikgeschichte der zeitgenössischen Musik – nicht zuletzt dem Jazz! – zeitgemäße Impulse gibt.

John Cage hat die traditionelle Instrumentierung und das Spiel auf herkömmlichen Musikerzeugern sozusagen von den Füßen auf den Kopf gestellt. John Cages Kompositionen für präparierte Klaviere öffnen ein Tor, hinter dem sich uns unzählige neue Möglichkeiten auftun, bislang unbekannte Klangfarben mit bekannten und mithin leicht zu identifizierenden Instrumenten zu erzeugen. Indem Cage die Klaviersaiten mit Materialien wie Kork, Gummi, Metall und Holz bestückte, hat er auf "mechanische" Weise den allgemein bekannten und akzeptierten Klang des Klaviers verändert. Denn ein Klavier ist für Cage nicht einfach ein Klavier. Vielmehr wird das Instrument, mit Hilfe verschiedener mechanischer Manipulationen, umfunktioniert zu einem Klanggeber, der weit mehr liefert als das, was man von ihm üblicherweise erwartet. Die erzielten Klangfarben können metallisch hart oder watteweich dumpf sein; das Ohr muß Abschied nehmen vom "klassischen" Hören, es wird mit Tönen konfrontiert, die es vom traditionellen Klavier nicht kennt. Das Instrument rumpelt und klirrt in einer Weise, die zuvor vielleicht nur von einem Luigi Russolo als "ästhetisch" empfunden worden wäre.

"Ich begann zu erkennen, daß die Trennung von Verstand und Ohr die Klänge verdorben hatte – daß man reinen Tisch machen mußte. Das machte mich nicht nur zeitgemäß, sondern 'avantgardistisch'. Ich verwendete Geräusche. Sie waren nicht intellektualisiert; das Ohr konnte sie unmittelbar hören und mußte ihretwegen keinerlei Abstraktionen durchlaufen. Ich fand,

Kronos Quartet

daß ich Geräusche lieber noch als Intervalle mochte. Ich mochte Geräusche ebenso gern, wie ich Einzeltöne gemocht hatte."[61] Was John Cage damit ausdrücken will, ist nicht zuletzt, daß das menschliche Ohr nicht unterscheidet zwischen "schön" und "häßlich", daß es die empfangenen Saitenschwingungen nicht in Kategorien von Gut und Böse einteilt. Der zweite (und vielleicht wichtigste) Schritt allen Hörens findet nämlich im Gehirn statt; erst von diesem empfindlich-empfänglichen Apparat in unserem Kopf erfahren wir, was wir als "schönen" oder als "häßlichen" Klang empfinden. Er sagt es uns, weil er als Filtersystem aus bestimmten Hörgewohnheiten und (Vor)-Urteilen fungiert, das uns den Weg zum unvoreingenommenen "objektiven" Hören vermauert.

Der Schönberg-Schüler John Cage hat, abgesehen von seinen rein musikalischen Kompositionen, auch dem "Neuen Hörspiel" entscheidende Impulse gegeben. Cage schrieb wegweisende Stücke, die die Möglichkeiten der Akustik in vielfältiger Weise nutzten und neue Experimente aus "komponierter" Sprache erlaubten. Das aleatorische Kompositionsprinzip ist auch für die Arbeit des Hörspielautors John Cage bestimmend. Zufallsoperationen auf der Grundlage des chinesischen "I Ging" sind für Cage das bevorzugte Mittel, um ein umfassendes Hörerlebnis zu erreichen. Montage und Abmischung stellen das Handwerkszeug dar, das er im Studio und bei der Arbeit mit dem Tonbandgerät benötigt. So entstehen auf der Basis der Montagetechnik Tonbandstücke, die kaum noch als Hörspiel im traditionellen Sinne bezeichnet werden können. John Cage: "Der hauptsächliche technische Beitrag meiner Arbeit mit dem Tonband besteht in der Montage-Methode, das heißt in der Methode, das Material derart zu schneiden, daß es die Einschwingung und Ausschwingung der aufgenommenen Klänge berührt."[62]

Definieren wir die Gesamtheit der uns bekannten akustischen Phänomene als "Geräusch" (gleich "Lärm"!), so kommt Cage das Verdienst zu, dieses "Geräusch" in seinen Hörspielen bzw. Rundfunk-Kompositionenen zu "Musik" umgedeutet zu haben. Da mutiert der Lauttext "Mureau" (kontrahiert aus "Music" und "Thoreau") zum "reinen" Klang, der den Hörer verwundert aufhorchen läßt und ihn in die Welt einer von der Syntax befreiten Sprache entführt, auf die schon der amerikanische Philosoph Henry David Thoreau (1817 – 1862) in seinen sozialkritischen Schriften eingegangen ist. Thoreaus in Sprache gefaßte Mitteilungen werden bei Cage zum Klang, zu einer Musik, die auch das Element des Geräuschs umschließt. Strukturen, die die Sprache bislang von der Musik trennten, werden aufgebrochen. Für gewöhnlich ist ja das musikalische Element im Rahmen eines Hörspiels nur von zweitrangiger Bedeutung, als Stimmung vermittelnde oder die Spannung steigernde Untermalung, als "Hintergrundmusik" eben. Bei Cage jedoch ist der Klang der Worte, auch im physikalischen Sinn, Bestandteil des Klangs einer gesamtmusikalischen Sprache. So hat der Komponist zum Beispiel eine Reihe von Rundfunkarbeiten geschaffen, in deren Mittelpunkt die Werke des irischen Schriftstellers James Joyce (1882 – 1941) stehen: "Roaratorio – Ein irischer Circus über Finnegans Wake" (1979), "Muoyce. Writing for the fifth time through Finnegans Wake" (1983), "James Joyce, Erik Satie, Marcel Duchamp: Ein Alphabet" (1982). Auch hier Montagen, Zufallsoperationen, Umweltgeräusche, Musik, Lautdichtung.

In seiner Reihe "Komponisten als Hörspielmacher" strahlte der Westdeutsche Rundfunk am 31. Dezember 1985 die im April desselben Jahres aufgenommenen "Mushrooms et variationes" aus, den Mitschnitt einer Veranstaltung aus der Kölner romanischen Kirche St. Georg, in der John Cage vier verschiedene Aspekte seines künstlerischen Schaffens beleuchtete: die des Komponisten, des Poeten, des Zen-Philosophen und des Mykologen. Insgesamt entstand daraus, im zeitlichen Rahmen von 75 Minuten, ein Hörwerk aus Musik und Geräusch. Ein Sprecher rezitierte die lateinischen Namen von zwölf Pilzen, und Cage setzte sie nach dem Muster japanischer Rengas in Mesostichen um. Laut der Anweisung des Komponisten sollten der Text laut gelesen und die einzelnen Strophen wie in einem Atemzug vorgetragen werden. Mit diesem Stück musikalisch komponierter Literatur zielte der Avantgarde-Pionier darauf ab, dem Hörer den Kopf "für andere Beziehungen als die üblicherweise wahrgenommenen zu öffnen".(63)

Aber schon früher hatte John Cage die Geduld, Toleranz und Mitwirkungsbereitschaft seiner Zuhörer auf eine harte Probe gestellt. Im Jahr 1952 schuf er eine Komposition für Klavier, "4 Minuten 33 Sekunden". Innerhalb dieses zeitlichen Rahmens dringt nicht ein einziger Ton aus dem Instrument, vor dem der Pianist untätig verharrrt. Erst das Publikum mit seinen eigenen Lauten, Klängen, Geräuschen füllt das "Klavierstück" mit Inhalt.

So ergänzen sich John Cage und John Zorn, indem sie die gegenwärtigen Klangwelten ausschlachten und sich die Fundstücke wie Spielbälle gegenseitig zuwerfen.

be**J**ahe
das w**O**rt
mit ho**H**er
tra**N**sparenz

vermis**C**he es
ale**A**torisch
gut **G**eschüttelt
zum ri**E**senlaut

16 Rock-Avantgarde

"Die Musik scheint manchem eine primitive Kunst zu sein, mit ihren wenigen Tönen und Rhythmen. Aber einfach ist nur ihre Oberfläche, während der Körper, der die Deutung dieses manifesten Inhalts ermöglicht, die ganze unendliche Komplexität besitzt, die wir in dem Äußeren der anderen Künste angedeutet finden, und die die Musik verschweigt. Sie ist in gewissem Sinne die raffinierteste aller Künste."[(64)]

Der erste Satz dieses Zitats aus Ludwig Wittgensteins "Vermischte(n) Bemerkungen" scheint jenen Recht zu geben, die scheinbar "wild" zusammengesetzte Töne – Collagen, Montagen, Dissonanzen – als "primitiv" bezeichnen; der Schlußsatz allerdings müßte die Verächter in den Boden versinken lassen. Auch die Rock-Avantgarde fördert aufgrund ihrer Orientiertheit an populären musikalischen Formen die Vorbehalte gegenüber einer Musik, die sich nicht, auf Anhieb verständlich, in den Ohren festsetzt, sondern die eine gewisse Bereitschaft zu unvoreingenommenem Hören voraussetzt.

Die Gruppe *Red Crayola*, 1966 von Mayo Thompson (* 1944) gegründet, stürzte sich mit unverfrorenem Witz und grenzenlosem Optimismus in eine populäre Musikkultur, die geprägt war von Beat, Folk und Surf Music, Stilrichtungen, denen man schwerlich Avantgarde-Ambitionen nachsagen kann. Thompson und seine Mitspieler legten es nicht gerade darauf an, dem Hörer den Zugang zu den Stücken der Gruppe zur erleichtern. Ihr Album "God Bless The Red Crayola And All Who Sail With It" (1966) ließ bereits im Titel erkennen, daß der musikalische Inhalt nicht ganz harmlos sein konnte, wenn die Musiker für sich den Schutz Gottes wünschten. Thompson erklärte, er und seine Kombattanten "spielten so frei und offen, wie es nur eben ging, mit neuen Instrumenten, eine Mischung aus Geräuschen, Krach, melodischen und rhythmischen Fragmenten und ihrem Feedback, und das alles in einer ohrenbetäubenden Lautstärke."[65] Das konnte bei manchem Konsumenten schon Aggressionen wecken, erst recht, wenn er dann noch von den Musikern zu hören bekam, daß es wirklich Lärm sei, was sie ihm boten. Manchem blieb nichts anderes übrig, als seine Stereoanlage auszuschalten. Da *Red Crayola* jedoch nie in den Hitparaden auftauchten, beschränkte sich ihre Wirkung auf einen relativ kleinen Kreis von Musikbesessenen. Diese Avantgardisten verlangten von ihrem Publikum mehr als den gedankenlosen Konsum ihrer Produkte.

Red Crayola gebar später eine deutsche Ablegergruppe, in der von der Urformation als einziger Mayo Thompson übrig war. Zu ihm gesellten sich Andreas Dorau, Albert Oehlen und Werner Büttner, von denen insbesondere die beiden letztgenannten auch Elemente der Bildenden Kunst ("Neue Wilde") einbrachten. Der Maler mutierte zum Gitarristen einer Rockband, die Trennungslinien zwischen den Künsten wurden durchbrochen.

In der experimentierfreudigen Zeit der '68er Studentenrevolte blieb auch die populäre Musik Englands von Umwälzungen und Neuerungen nicht verschont. Die 1968 von Fred Frith und Tim Hodgkinson gegründete Gruppe *Henry Cow* leitete ihren Namen von dem amerikanischen Komponisten Henry Cowell (1897 – 1965) ab, der mit "instrumentenfremden" Spieltechniken und Cluster-Kompositionen experimentierte. *Henry Cow* wechselten ihre Mitglieder wie Hemden; allen voran zu nennen sind hier Chris Cutler, Peter Blegvad, Dagmar Krause und John Creaves, die auch mit den *Henry-Cow*-Ablegern *Slapp Happy* und *Art Bears* erfolgreich waren.

Merkwürdige Plattenproduktionen voll merkwürdiger Musik gingen aufs Konto dieses "Art School Rock", der vielen Konsumenten auf die Nerven ging und dessen Verkaufszahlen sich daher in Grenzen hielten. Experimentelle Klänge, die überkommene Hörgewohnheiten zerstörten, zogen sich wie Leitmotive durch fast alle Produktionen der Gruppe. Freie Klänge, die zwar vom Free Jazz bekannt waren, aber das Rockpublikum nichtsdestoweniger schockierten, und Melodien, die ständig zerhackt und aufgelöst wurden, entführten den mutigen Zuhörer in bislang unerforschte Lärmzonen. Die Mitglieder von *Henry Cow* nutzten alle Möglichkeiten der modernen Studiotechnik, um ihre abenteuerliche Musik auf Vinyl zu verewigen: Tonbandmaschinen arbeiteten mit ständig veränderter Geschwindigkeit, und dem Mischen der einzelnen Spuren kam die Bedeutung einer eigenen künstlerischen Leistung bei. Außerdem setzte die Gruppe häufig Instrumente ein, die für die Rockmusik eher untypisch waren, um neue Klangmuster und -farben zu erzeugen: Xylophon, Fagott, Violine, Oboe, Klarinette. "In Praise Of Learning" (1975) war eine Doppelproduktion von *Henry Cow/Slapp Happy,* in der auch Modulationen des Gesangs als musikalischer Effekt genutzt werden.

Fred Frith

Henry Cow sollte sich später als ein wesentlicher Einfluß für viele Musiker der New-Wave-Generation erweisen, die von der Rock-Avantgarde lernten, ohne sie zu kopieren.

Fred Frith (* 1949), Gründer und bis zur Auflösung im Jahr 1978 Mitglied der Gruppe, stellte seine Experimente später keineswegs ein; in Soloarbeiten und Sessions entwickelte er die improvisierte Musik weiter. Das Projekt "Keep The Dog", vorgestellt auf dem New Jazz Festival in Moers 1989, bot einen repräsentativen Querschnitt durch das Werk von Fred Frith, ein Resümee der vielfältigen musikalischen Strömungen und Projekte, die er seit der Gründung von *Henry Cow* 1968 initiiert und beeinflußt hatte. Neben den Gaststars John Zorn, Heiner Goebbels und Tenko präsentierte Frith eine Schar von Musikern, die allesamt im Avantgarde-Rock zu Hause waren: Rene Lussier, Jean Derome, Zeena Parkins, Bob Ostertag, Kevin Norton. Teils Vertreter der New Yorker Lower-East-Side-Szene, teils kanadische Aktionisten/Musikanten, katapultierten sie den frechen neuen Sound in die Köpfe

Minus Delta T mit Bruno Kreisky in Graz (1981)

und Bäuche der Zuhörer und schufen mit den Mitteln der Improvisation eine – im positiven Sinne – "Allerweltsmusik". Belanglos? Beliebig? Austauschbar? Vielleicht. Auf jeden Fall aber ein musikalisches Vergnügen ersten Ranges, das den unvoreingenommenen Hörer entzückte und den Jazz- oder Rockpuristen wie ein Stachel im Fleisch oder, besser, im Ohr saß.

Hinein nach Deutschland (West) zu zwei bundesrepublikanischen Avantgarde-Gruppen: *Die Tödliche Doris* und *minus delta t*.

Die Tödliche Doris agierte mit den Mitteln eines musikalischen Minimalismus und demonstrierte bewußt Naivität und Einfachheit. Das Trio, eine Frau und zwei Männer, verstand sich als Gestalter eines "anderen" Liedguts, das sich nicht wie die meisten Hervorbringungen der sogenannten "Neuen Deutschen Welle" ins Ghetto der folgenlosen Abendunterhaltung des deutschen Fernsehens abschieben ließ. Der kaum modulierte Sprechgesang, der viele ihrer Stücke kennzeichnet, offenbart musikalische Strukturen, die absichtsvoll gegen den Zeitgeschmack und die Regeln gesungener Rocksongs verstoßen. Die Musik der *Tödlichen Doris* scheint sich durch Simplizität, wenn nicht gar durch Dilletantismus auszuzeichnen. Aber dieser erste Eindruck trügt. Die Abkehr von der herkömmlichen Rockmusik spiegelt sich gerade in den immer wieder eingeflochtenen kurzen lyrischen Passagen, in denen die Worte gegen die Musik kämpfen. Der Kampf endet unentschieden, denn beide Elemente stehen in den Kompositionen der Gruppe gleichberechtigt nebeneinander. So ist das Titelstück der LP "Unser Debüt" voll von laienhafter Primanerlyrik, die auch durch die Übersetzung ins Englische nichts von ihrer gewollten Naivität einbüßt.

Auch auf dem Feld der Bildenden Kunst hat sich *Die Tödliche Doris* betätigt. Im Jahr 1987 schuf die Gruppe für die documenta 8 eine Bilderserie, in der sie ein kybernetisches System gestaltete. Die fruchtbare Symbiose von Malerei und Film dokumentierte sich auch in der Umsetzung ihrer multimedial angelegten Musikarbeit in Bilder. Darüber hinausgehende Arbeiten mit dem Medium Film, das heißt, mit dem Zelluloid als Material und "Transformator" (daher auch mit Video), sind nicht allein dokumentarische Werkbeschreibungen, sondern signalisieren die Anwendung eines umfassenden, "erweiterten" Kunstbegriffs (Beuys!), den *Die Tödliche Doris* auch in einer retrospektiven Werkschau mit dem Titel "Das Lügenmeer" vermittelte.

Für den avantgardistischen Anspruch des Trios, aber auch für den Witz seiner Arbeit spricht nicht zuletzt die Produktion der "unsichtbaren Schallplatte": Werden die oben erwähnte LP "Unser Debüt" und das Album "Sechs" synchron abgespielt, entsteht eine "dritte" Musik. Zwei Plattenspieler, zwei Schallplatten, etwas technische Manipulation, und fertig ist die Trilogie aus zwei Teilen.

Auch die Formation *minus delta t* greift in ihrer Arbeit nicht nur auf musikalische Mittel zurück. Das Multi-Media-Kollektiv (Karel Dudesek und Mike Hentz sowie wechselnde Musiker wie Bogumil Gernot, Chrislo Haas und Bernhard Müller) konnte sich mit verschiedenen Aktionen und Performances nicht nur im Musik-, sondern auch im Kunstbetrieb etablieren. Eines der aufwendigsten und im Werk der Gruppe eine herausragende Position einnehmendes Unternehmen war "Das Bangkok Projekt" von 1982. Von Europa aus unternahm man eine Reise nach Thailand, um deutlich zu machen, daß kulturelle und wissenschaftliche Errungenschaften keineswegs nur für die westliche Zivilisation reklamiert werden können. Als Symbol für die Zusammengehörigkeit aller Menschen, gleich welcher Nation oder welchem Kulturkreis sie angehören, transportierten die Künstler im Verlauf ihrer Reise einen Stein von England aus ins Himalaja-Gebiet. Damit sollte zugleich zum Ausdruck gebracht werden, daß die Welt nicht allein durch (Zu-)Sehen und (Zu-)Hören, sondern auch und vor allem durch Aktion erfahrbar ist.

Ihre Bühnenauftritte hingegen inszenierten *minus delta t* häufig als schokkierende Ereignisse, die den Shows der "Wiener Gruppe" vergleichbar waren und mit denen der Kulturbetrieb aufs Korn genommen wurde. Als Produktionsmittel dienten der Gruppe "Instrumente" wie Kreissäge und Trillerpfeife, Kontrabaß und Schreibmaschine; die sorgten nicht selten dafür, daß das Publikum im Verlauf einer Veranstaltung fluchtartig den Saal verließ. Als "Kulturpolizisten" uniformiert, verunsicherten die Mitwirkenden etwa während der Kasseler documenta und beim Kölner Kunstmarkt ihre Zuschauer/Zuhörer mit Aktionen, die es unmöglich machten, Realität und inszenierte "Realitätskunst" zu unterscheiden. Was als Spaß begann, wurde unvermittelt Ernst.

Der Tod ist in unserer Kultur ein gehütetes Tabu; in unserem Alltag stets gegenwärtig, ist er nur selten Gegenstand unseres Denkens und unserer Sprache. Mit ihrer ambitionierten "Death Opera", einem in 28 Arien gegliederten Bühnenwerk, beleuchteten *minus delta t* eine Vielzahl von Aspekten des normalerweise totgeschwiegenen Themas. Oper als Ausdrucksform der Rock-Avantgarde? *minus delta t* nutzten die traditionelle Form des Musiktheaters als Sprungbrett zur Demonstration ihres eigenen Musik- und Kunstverständnisses. Heraus kam ein Musiktheater im Wagnerschen Sinne, ein Lohengrin als Freischütz, eine Zauberflöte zwischen Tristan und Isolde. Die Durchbrechung des Tabus wurde für den Zuschauer zu einem Lernprozeß im avantgardistischen Lärmtheater.

Die glitzerndsten Paradiesvögel der Popmusik wie Gary Glitter, Boy George, Elton John und David Bowie setzten durch die Zurschaustellung ihres exaltierten Äußeren eine der wichtigsten Maximen ihrer Zunft in die Praxis um: Erst die "Personifizierung" der Musik bis hin zum Starkult macht Popmusik zum, im wörtlichen Sinne, "Massenmedium".

Im Widerspruch dazu waren und sind die öffentlichen Auftritte der Gruppe *The Residents* im Grunde eine Zumutung für den Konzertbesucher, dessen Bedürfnis nach einem identifizierbaren Objekt seiner Begierde grob mißachtet wird. Denn niemand kennt die Akteure, die sich hinter Masken verbergen; keiner weiß, wie die anonymen Kalifornier heißen und woher sie genau kommen. Auf eine solche Mißachtung des Publikums steht im Popgeschäft für gewöhnlich die kommerzielle Todesstrafe.

Den *Residents* wurde, da niemand Genaueres über sie wußte, kurzerhand der Stempel "Dada" aufgedrückt (hör gut zu, Tristan Tzara!). Dabei brauchte man nur kurz in ihre Musik hineinzuhören, um festzustellen, daß sie für sich selbst sprach, daß diese kompromißlose und allen Marktgesetzen sich verweigernde Kunst keine schillernden "Stars" benötigte. Die *Residents* brauchten nicht mehr als ihre grotesken Masken, ein überdimensioniertes mensch-

The Residents

liches Auge, das dich ansieht und verlegen macht, so daß du schließlich nur noch *hörst.*

Bekannt wurden die *Residents* Mitte der Siebziger, als sie bereits einige Jahre zusammen waren und heftig experimentiert hatten. Ihre Musik glich einer Denkmalschändung; gnadenlos sezierte die Gruppe die Songs der "Langweiligen alten Fürze" aus den Sechzigern und drehte sie in kuriosen Lärmmusikstücken durch den Collagewolf. Das war es: die alten Stars (*Beatles, Rolling Stones*) lächerlich machen, den alten Mythos zerstören – womit das Etikett "dadaistisch", das der Musikwissenschaftler Tibor Kneif den *Residents* anheftete, zweifellos seine Berechtigung hatte.

Die katastrophenschwangere Musik, die die *Residents* auf ihrem Album "The Mark Of The Mole" präsentieren, ist eine Mixtur aus zahllosen, in minimalistischer Manier zusammengesetzten Klangfragmenten. Der Hörer wird in eine futuristische Maschinenwelt entführt und einem Stakkato von Schmiedehämmern, Kreissägen und anderen Geräuscherzeugern ausgesetzt, dem monotonen Soundtrack der Fabriken in den modernen Produktionsgesellschaften. Litaneien und Chorgesänge ertönen wie aus einem Aquarium, und auch der vertraute Klang einer Mundharmonika, die an die Musik von Kindern erinnert, nimmt dem Szenario nichts von seinem beunruhigenden Charakter. Mit solchen akustischen Collagen ziehen die *Residents* gegen die fortschreitende Unwirtlichkeit der Städte und die Entmenschlichung der Gesellschaft zu Felde. "Mark Of The Mole" ist der erste Teil der "Mole"-Tetralogie; die anderen Teile tragen die Titel "The Tunes Of Two Cities", "Intermission" und "The Big Bubble".

Musique concrète schien den *Residents* das probate Mittel zu sein, um den Amerikanischen Traum, wie Chris Cutler ihn im Hinblick auf *The Residents* definiert hat(66), hörbar zu machen. Sie hielten es nicht für angebracht, farbenfrohe Bilder anzufertigen, die die Realität in anheimelnden Farben malten. Wenn schon zeitgenössische Musik unter Einbeziehung aller technischen Möglichkeiten, dann gleich Ohrenbetäubendes wie von den *Residents!*

In ihrem jüngsten Werk demontierten die *Residents* den Superstar Elvis Presley (1935 – 1977), ohne ihn indes noch einmal ins Grab zu stoßen. "The King And Eye" wird als Märchen präsentiert. Ein Vater erzählt seinen Töchtern von einem toten König, der am Ende seines Lebens – fett, geistesverwirrt, von Drogen umnebelt – die häßliche Rückseite des Amerikanischen Traums kennenlernt. Die Klänge, die diese Geschichte illustrieren, liegen für manchen zweifellos jenseits der Schmerzgrenze; hinter ihr jedoch warten die neuen Hörerfahrungen. Denn was wir nicht erfahren, bleibt für immer verborgen; erst im Verborgenen aber entdecken wir die wirkliche Welt.

17

Kurzer Trip auf elektromagnetischen Schwingungen

Der Kölner Westdeutsche Rundfunk ist seit Jahren eine der wichtigsten Innovationsstätten für Hörspiele, die ihr Klangmaterial direkt aus der Realität beziehen. So stellte der unermüdliche Klaus Schöning im Hörspielstudio des WDR 3 zahlreiche bahnbrechende Werke in-und ausländischer Autoren, Komponisten und Hörspielmacher vor. In der Reihe "acustica international" entstand ein Geräuschtheater, das vom erzählenden Hörspiel meilenweit entfernt ist. Das Radio wird hier zum Transformator der unterschiedlichsten Klänge und Geräusche, die aus der vorgefundenen Wirklichkeit in die Wirklichkeit des Hörers weitergeleitet werden; dessen Ohr erkennt die Geräusche wieder und ordnet sie bestimmten Situationen und Ereignissen zu.

Zum Beispiel: "Entfernte Züge Köln <—> Berlin", eine Komposition des 1947 geborenen US-Amerikaners Bill Fontana, der die Produktion von 1985 als "Radio-Klang-Skulptur" bezeichnet. Geräusche aus dem Kölner Hauptbahnhof werden auf ein freies Gelände des ehemaligen Anhalter Bahnhofes in Berlin (West) "transportiert". Von diesem einstmal größten Bahnhof Berlins, der zu den verkehrsreichsten der Welt gehörte, zeugen heute nur noch Ruinen. In Erinnerung an seine große Zeit übertragen in Fontanas Klangwerk versteckte Lautsprecher die Geräusche aus dem Kölner Hauptbahnhof. Ein Schwall von Geräuschen bricht über den Reisenden herein, der heute auf dem Anhalter Bahnhof nur noch ein imaginärer sein kann. "Entfernte Züge" steht somit nicht nur für die räumliche Distanz zwischen den Städten Köln und Berlin, sondern auch für die längst nicht mehr fahrenden Züge auf dem "entfernten" Anhalter Bahnhof.

Das, was irgendwo geschieht, ereignet sich bei Fontana auch im Radio; der Radiohörer wird bei ihm zum Ohrenzeugen einer akustisch vermittelten Realität. Ob es sich um Live-Einspielungen oder um Geräusche aus der Konserve handelt, immer ist der Hörer, der zu Hause sitzt und "die Welt" empfängt, beteiligt. Eine weitere Radio-Klang-Skulptur von Fontana, ein akustisches Köln-Portrait, wurde vom 27. September bis 1. Oktober 1985 unter dem Titel "Metropolis Köln" aufgeführt. Die von Fontana auf verschiedenen Straßen und Plätzen der Stadt aufgenommenen Geräusche wurden von 18 Lautsprechern auf den Roncalli-Platz vor dem Kölner Dom übertragen. Die Passanten konnten miterleben, was zur selben Zeit an anderen Orten ihrer Stadtlandschaft passierte. Mit hintersinnigem Witz verwirrte Fontana sein Publikum durch Einspielungen von Material, das am Kölner Dom eigentlich nicht zu tönen hatte: Seelöwen, Vögel und Affen aus dem Kölner Zoo, Geräusche vom Rheinufer, die Glocken der sechs romanischen Kirchen, Lautsprecherdurchsagen aus dem Hauptbahnhof.

Fontanas bislang ehrgeizigstes Projekt entstand 1987 unter dem Titel "Satelliten-Ohrbrücke Köln – San Francisco". "Zum ersten Mal habe ich hier in zwei weit voneinander entfernten Städten und Zeitzonen zwei voneinander unabhängige Klangskulpturen geschaffen, die gleichzeitg hörbar werden. Das Zusammentreffen dieser beiden Klangskulpturen wird die Ideen von Simultaneität erforschen, denn alle Geräusche jedes Werks (Tausende von Kilometern voneinander entfernt) werden denselben Moment realer Zeit miteinander teilen."[(67)] Am 31. Mai 1987 strahlten der WDR und, in den USA, das *American Public Radio* in einem transatlantischen Wechselspiel Fontanas "Sound Sculptures Through The Golden Gate" und "Metropolis Köln" aus. Aus San Francisco hörten die Menschen in Europa via Satellit "die Nebelhörner und Dehnungsfugen der Golden Gate Brücke, die Brandung des Pazifiks, Tausende von Vögeln und Meeressäugetieren der Farallon-Inseln sowie Unterwassergeräusche der Wale."[(68)] Die geographische Position der Golden Gate Bridge ermöglichte ganz besondere akustische Phänomene, insbesondere wegen der riesigen Wassermengen des Pazifik, die sich beim Gezeitenwechsel durch das Nadelöhr unter der Brücke drücken, und durch den regelmäßig wiederkehrenden Nebel, der die großen Nebelhörner an den Brükkenpfeilern aktiviert. Diese Naturgewalten in Köln hörbar zu machen, verlangte der modernen Radiotechnik alles ab. Simultan wiedergegebene unterschiedliche Klänge aus zwei weit voneinander entfernten Städten öffneten in Fontanas Klangwerk die natürlichen Grenzen von Zeit und Raum.

Leben und Geräusche des Alltags live wiedergeben, so lautet das Motto, das jenen O-Ton-Hörspielen zugrundeliegt, die der Westdeutsche Rundfunk in seiner Reihe "Acustica International" in die heimischen Wohnzimmer sendet und in der in der Vergangenheit außer Bill Fontana noch zahlreiche weitere Komponisten mit ihren Arbeiten vorgestellt wurden, so etwa Charles Morrow ("Metropolis Kopenhagen") und Klarenz Barlow ("CCU Metropolis

Calcutta"), Paul Wühr ("Soundseeing Metropolis München") und Charles Amirkhanian ("Metropolis San Francisco"), Alvin Curran ("Metropolis Rom") und Barry Bermange ("Radioville Metropolis London") und das Autorenteam David Schein und Florian Steinbiß ("Metropolis Las Vegas").

Die Forderung, daß ein Hörspiel zunächst und vor allem aus Text – wenn nötig, mit Geräuschen unterlegt – zu bestehen habe, da es sonst nicht mehr als Hörspiel, sondern als Musikstück zu bezeichnen sei, gilt heute, wie die oben genannten Produktionen zeigen, nicht mehr. Wenn mit den Mitteln des Radios Geschichten aus den Städten der Welt erzählt werden, hat der Radiohörer den Eindruck, in München, Stockholm usw. live und leibhaftig dabei zu sein. Im "Dickicht der Städte" (Brecht) keimen die Geräusche, die uns signalisieren, daß wir nicht allein auf der Welt sind, sondern mit anderen Menschen zusammenleben; wer würde auch auf Dauer in einem akustischen Vakuum überleben? In den Metropolen sprießt aber auch der Lärm, der uns das Leben oft zur Qual macht. Die elektromagnetischen Schwingungen, das "Lebenselixier" des Rundfunks, lassen sich nicht täuschen: sie filtern nicht und unterscheiden nicht zwischen Tönen, die uns angenehm ins Ohr gehen, und Klängen, die wir als Folter empfinden; sie übermitteln das,

Bill Fontana (links) und John Cage

was wir in die Mikrophone und Verstärker einspeisen. "'A Walk Through The City' der kanadischen Komponistin Hildegard Westerkamp ist eine Umweltkomposition. Städtische Geräusche wie Verkehrslärm, Autohupen, Bremsen, Baugeräusche, Flipperautomaten, das Stampfen von Zügen, menschliche Stimmen usw. werden entweder so verwendet, wie sie in Wirklichkeit existieren, andere werden wie Klangobjekte behandelt. So entsteht ein steter Fluß zwischen realen und imaginären Klanglandschaften. Ein Gedicht des kanadischen Poeten Norbert Ruebsaat ist Teil der Komposition 'A Walk Through The City', die im Kontext steht zur Reihe 'Metropolis'."[69]

Moderne Hörspiel-Komponisten wie Fontana und Westerkamp suchen und finden ihr Klangmaterial, das sie mit künstlerischen Mitteln wie Montage, Reihung und Collage bearbeiten (ohne es zu verfälschen!) in der Realität. Für den Hörer wird so der akustische Spaziergang durch die Stadt zu einem Hindernislauf über Lärmmauern und Geräuschteppiche. Und im Wohnzimmer des Einzelnen setzt sich der Stadtlärm auf so komplexe Weise zusammen, daß in seinem Ohr und vor seinem geistigen Auge ein vollständiges Bild seiner alltäglichen Umgebung entsteht. Er braucht nicht einmal mehr den Fuß vor die Tür zu setzen.

"...alles ist schimmernd." Mit diesen Worten kommentiert der Komponist Michael Sell seine Klangskulptur "No-Jazz". Für sieben Musiker wird hier der Begriff "Improvisation" wahrhaft zum Gegenstand ihres Tuns: die Posaune repräsentiert den Bebop-Mainstream, das Piano den Ragtime, das Saxophon den Blues, der Kontrabaß den Swing, die Trompete den Free Jazz, das Schlagzeug den Punk-Jazz und Keyboard/Synthesizer/Sampler den Jazzrock. Alle zusammen improvisieren über die Idee der Improvisation, und heraus kommt: Nicht-Jazz, Nein-Jazz, kein Jazz. Lautmalerische poetische Vorträge runden ein Hörstück ab, das seinen Titel wahrlich verdient hat; der fortgesetzte Einbruch des Lärms ins gequälte Ohr des Hörers wird allein durch kurze lyrische Passagen gemildert. Naturgeräusche (Frösche, Grillen) gewähren Erholungsmomente, die jedoch so sparsam bemessen sind, daß sie der Hörer kaum bemerkt, geschweige denn, daß er zum Hin-Hören käme. Dann, plötzlich, alle Instrumente in harmonischer Eintracht, im Rahmen eines Stückes, das man durchaus noch dem Jazz zurechnen könnte. Das sollte niemals aufhören, denkt sich der Hörer; doch die Musiker folgen diesem Wunschgedanken keineswegs, denn jeder von ihnen führt konsequent den Auftrag des Komponisten aus: zu improvisieren.

Hörskulptur? Hörspiel? Bei Michael Sell erfährt der Terminus "Musik" seine Erweiterung zum übergeordneten Begriff des akustischen Klangereignisses. Die Schwingungen der Töne und der Geräusche vereinigen sich zu einem einzigen unauflöslichen musikalischen Ereignis.

18

Sechs kleine Lärmelein

Steve Reich

In der Bildenden Kunst entstand Mitte der sechziger Jahre eine künstlerische Ausdrucksform, die mit einfachsten, geradezu spartanischen Mitteln auskam und deren Vertreter sich häufig auch als Gesellschaftskritiker verstanden, die sogenannte "Minimal Art" eines Donald Judd, Sol LeWitt oder Robert Morris. Parallel dazu schufen Komponisten die sogenannte "Minimal Music" durch "ständige Wiederholung kleinster melodischer oder rhythmischer Gestaltungselemente mit geringfügigen Änderungen in einem Klangstrom von langer Zeitdauer".[(70)] Der 1936 geborene Steve Reich zählt zu den Vätern dieses musikalischen Minimalismus. 1966 komponierte er "Come Out", ein Musikstück ohne Noten. Das Satzfragment *"come out to show them"* verfremdete und zerlegte er durch künstliche Rhythmisierung, Echohallstrukturen und Stereoeffekte so weit, daß ein singbares Stück entstand. Der Text wird deutlich artikuliert und mit technischen Mitteln derart in Sequenzen umgesetzt, daß sich nach und nach eine erkennbare melodische Struktur ergibt. Vor allem die Überlagerung der einzelnen Klangpartikel und ein gezielt eingesetzter Stereoeffekt mit ständigen Kanalvertauschungen lassen die minimalistischen Elemente zu einer großflächigen Klanggestalt zusammenwachsen. Gegen Ende des Stücks werden die Signale der getrennten Stereokanäle derart übereinandergeschichtet, daß nur noch Cluster zu hören sind; ebenso verdichtet sich dank dieser Cluster-Technik der dynamisch pulsierende Rhythmus zu einem undurchdringlichen Klangteppich. Die Strenge der Komposition erschließt sich dem Hörer vor allem dann, wenn er das Stück in einem verdunkelten Raum hört und ohne Ablenkung auf sich wirken läßt; unter solchen Bedingungen erlebt das Ohr ständig neue Überraschungen.

Luigi Nono

Der zu den bekanntesten Komponisten Italiens zählende Luigi Nono (1924 – 1990) hat sich in seinen Werken stets offen zu seiner politischen (sozialistischen) Überzeugung bekannt. "...sofferte onde serene...", eine 1977 entstandene Komposition für Klavier und zweispuriges Tonband, ist eine "in sozialistischer Tradition" komponierte Klaviermusik, ein musikalischer Aufbruch des kollektiven Ichs in die Innerlichkeit. Nono nähert sich mit dieser kleinen Arbeit seinen vorausgegangenen Großkompositionen für Chor und Orchester an, in denen er Texte aus der "Internationale" und dem "Kommunistischen Manifest" verwendet hatte. In "...sofferte onde serene..." weht der Geist des Eurokommunismus, doch er kommt mit so leisen Schritten daher, daß das Stück nur ganz allmählich Konturen gewinnt. Hier ist ein Stück Revolutionsmusik, in dem die soziale Komponente kommunistischer Politik betont wird, in dem jedoch zugleich angedeutet wird, daß das Individuum und das Individuelle von der Parteien und ihren Funktionären allzuoft vereinnahmt und unterdrückt wird. Die Dramatik des Stücks vermittelt sich im Part des Klaviers, das Tonband setzt Akzente, die verdeutlichen sollen, wie "das Ich in seinem Zorn mürbe gemacht" wird. "Ein Zerrissener ist zurückgeblieben, der das alte Heimweh nach Innerlichkeit wiedererfährt".(71) Die Frage, ob sich Nono hier nicht in Wahrheit gegen politische Revolutionen und soziale Aufstände ausspricht, beantwortet sich selbst durch das hämmernde, den Hörnerv betäubende Klavierspiel; der Lärm der Revolutionen, die immer auch Leid und Tod über die Menschen bringen, entsteht auf der Klaviatur.

Meredith Monk

Zunächst ertönt ein Glockenspiel, das dann von einer weiblichen Stimme übertönt wird: "Ich vergesse". Nach dieser Feststellung (die eigentlich ein Hilferuf ist) hebt ein Klagegesang an, der gegen dieses Vergessen revoltiert. Der Satz "Do You Remember" wird von glockenspielartigen Klängen und einer Violine untermalt, und plötzlich beginnt die Vokalistin wie ein Vogel zu zwitschern.

Der "Memory Song" von Meredith Monk (* 1942) ist, auch wenn manchem dieses Etikett abgegriffen erscheinen mag, ein Stück Meditationsmusik. In ihrem "Lied" vermeidet die Komponistin jedoch alle einschmeichelnden Klänge nach Art der unverbindlich zuckrigen "New Age Music". Im Mittelpunkt der hochkonzentrierten Musik von Meredith Monk steht stets ein ernstzunehmendes Thema, hier das des Erinnerns. Bei ihrem Sturmlauf gegen das allgemeine Vergessen läßt die Komponistin nicht einmal so profane Dinge wie den Volkssport Fußball außer acht. Die Zeilen *"I remember*

Steve Reich

mushrooms, I remember candlelight" unterlegt sie mit der immer wiederkehrenden Frage *"Do you remember?"*, die natürlich vor allem eine Aufforderung darstellt. Der Zuhörer wird zum Eintauchen in eine Vergangenheit angeregt, die nicht klang- und lärmlos untergehen soll; auf Deutsch erklingen die Worte "Ich erinnere mich an altes Kopfsteinpflaster". Dabei bleibt jedem Zuhörer selbst überlassen zu entscheiden, wie weit seine Erinnerung zurückreichen soll oder kann.

Trotzdem ist das "Lied der Erinnerung" alles andere als eine Komposition, die die Vergangenheit, der das Vergessenwerden droht, glorifiziert; Meredith Monk verfällt nicht in wehmütiges Schwelgen in Vergangenem. Der "Memory Song" ist ein Stück, das jenen Zuhörer anspricht, der in Gefahr steht, das eigene Erinnerungsvermögen zu verlieren oder brach liegen zu lassen. Eigentlicher "Träger" dieses Anliegens ist die Stimme von Meredith Monk, die es dank ihrer phänomenalen Flexibilität schafft, dem Hörer zahllose Erinnerungs- und Gefühlseindrücke (neu) zu vermitteln.

"Die Stimme ist sehr unmittelbar emotionale Verklammerung. Natürlich können wir sagen: hier sind die Emotionen, hier sind die Trauer, Ärger, Liebe, Glück, wie wir ja bestimmte Wörter für Emotionen haben. Ich meine aber, daß man in die Stimme noch mehr hineinlegen kann – man ist wie etwas zwischen den Zeilen. Man kann jeglicher Art von subtiler Emotion mit der Stimme Ausdruck verleihen, die wir mit Worten kaum erfassen können, und ich glaube, daß das das Vokabular von Emotion erweitert."(72) Auch Meredith Monk gehört mit ihren Kompositionen ins Genre der "Minimal Music", denn das Prinzip der Wiederholung und Verarbeitung winziger Klangpartikel und -sequenzen ist ein integraler Bestandteil ihrer Arbeit.

György Ligeti

Das erste Metronom, ein mechanisches Gerät zur Bestimmung des Zeitmaßes in der Musik, wurde 1816 von dem Wiener Johann Nepomuk Mälzel gebaut. 1962 schrieb der in Rumänien geborene Komponist György Ligeti (* 1923) ein "Poème Symphonique" für 100 Metronome. Ligeti, der bekannt ist für seine Klangflächen und -räume, die er in vielen Werken auf verschiedenste Weise gestaltet hat, wollte auch mit diesem musikalischen Gedicht das Element der Räumlichkeit in der Musik gestalten. Auf einer Schallplatte, die 1985 in der Dornbuschkirche in Frankfurt/Main entstand, finden sich zwei Versionen des "Poème Symphonique": eine "Kreisversion", in der die sich immer weiter ausbreitenden Klangflächen betont "trocken" realisiert sind und den Eindruck einer verschwindend geringen Distanz zum Hörer vermitteln, und eine "Raumversion", in der die Metronome im weiten Rund des Kirchenraumes plaziert sind und in der der Komponist den natürlichen

Hall des sakralen Gebäudes nutzt. Die Pendel von 100 Metronomen klicken und klacken in unterschiedlichsten Schwingungszahlen. Als Ligeti, der Mitte der fünfziger Jahre im damals von Herbert Eimert geleiteten Elektronikstudio des Westdeutschen Rundfunks gearbeitet hatte, diese Komposition abschloß, war er 39 Jahre alt. Dennoch erscheint sein "Poème Symphonique"

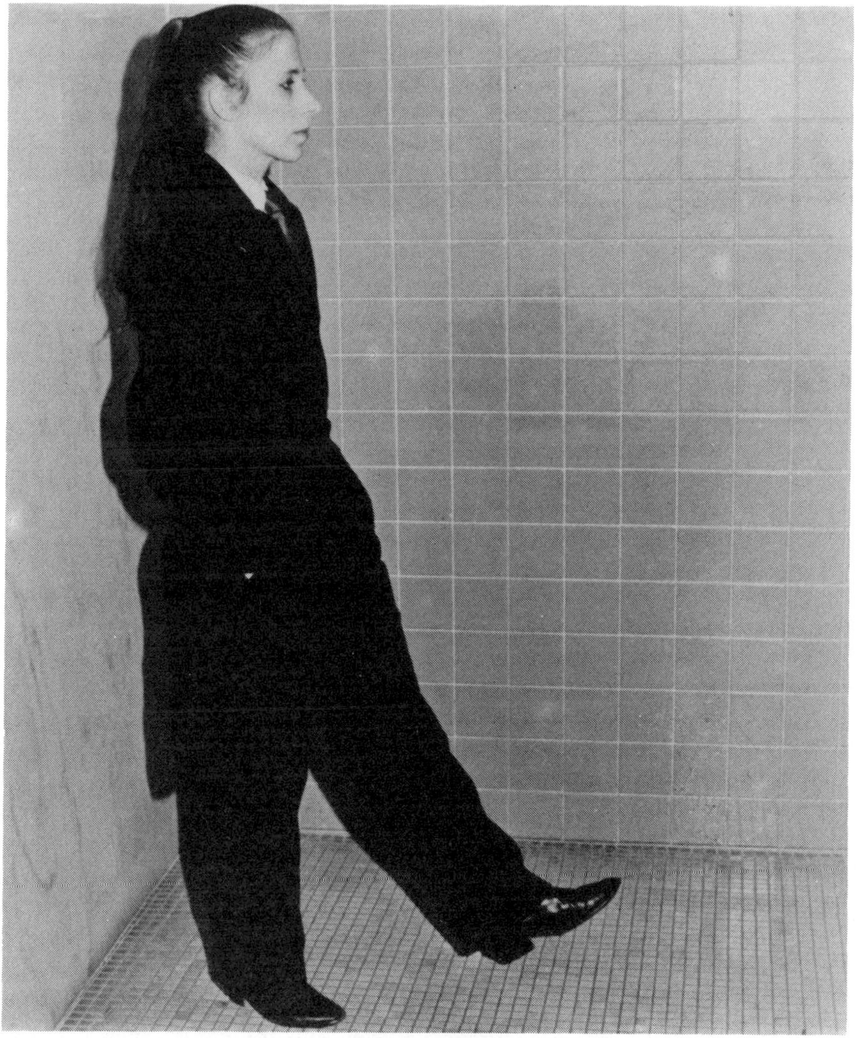

Meredith Monk

wie ein Jugendwerk, ein vitales Stück "Musique concrète", wie es "konkreter" kaum sein könnte – getragen vom Rhythmus der 100 Metronome, die ein Eigenleben entwickeln, ohne als Rhythmus im konventionellen Sinn zu wirken. Wofür stehen diese 100 Taktgeber? Für 100 Menschen, 100 verschiedene Charaktere, 100 einzigartige Lebensrhythmen, 100 individuelle Herzschläge.

Hans-Karsten Raecke

Was ist eine Blasbambusdrahtdose? Oder ein Tenor-Zugmetalluphon? Oder ein Gummiphon? Die Stücke, in denen diese Instrumente gespielt werden, tragen Titel, die auf ihre Funktionsweise hindeuten: "In der Zugluft", "Luft-Druck-Zonen", "Wassermusik".

Hans-Karsten Raecke (* 1941), ein Schüler Paul Dessaus, baute die Blasinstrumente und kombinierten Blas-/Zupfinstrumente, die er zur Ausführung seiner Kompositionen benötigte, selbst; er nennt sie "Klangerzeuger". Raekkes Blasbambusdrahtdose etwa ähnelt einer überdimensionalen Wasserpfeife, auf der die Töne geblasen und gezupft werden; ein hartes, metallisches "Schwirren" ertönt, bläserähnliche Klänge donnern aus den Saiten. Die theoretische Konzeption der Klangerzeuger wird insbesondere in den leisen Passagen deutlich: "so sind konstruktion und bau gleichzeitig improvisatorische und präkompositorische arbeitsvorgänge nach unbestimmtheit, bzw. geplantem zufall: der unbestimmtheit folgt die natur, der natur folgt meine körperlichkeit ..."[(73)]

Angeregt von John Cage komponierte Raecke von 1973 bis 1983 den "Raster"-Zyklus 1 – 7 für präpariertes Piano. Die einzelnen Segmente sind auf vielfache Weise interpretierbar: als Solo- oder Gruppenstücke für ein oder zwei präparierte Pianos mit ein bis sechs Spielern. Für seine Präparationen verwendete Raecke beispielsweise in "Raster 5": Radiergummi, Korkmaterial, Sektkorken. Die Folge war eine Veränderung der Töne; so erklang etwa anstelle des angeschlagenen *as* ein *fis*.

Das Ergebnis dieser Manipulationen am Instrument ist ein faszinierender Klang mit ungeheuer vielfältigen Nuancen. Der Hörer glaubt, einem Stück zu lauschen, an dem mindestens ein komplettes Kammermusikensemble beteiligt war, und obwohl hier tatsächlich kein einziges Schlaginstrument gespielt wird, meint er trommelartige Perkussionsklänge zu vernehmen. Die Komposition ist voll von schwingenden, schwirrenden, zischenden Tönen, die sich, rhythmisch strukturiert, zu einer mitreißenden Musik zusammenfügen. Raecke: "Tonwiederholungen werden neutrales Rasternetz, aus dem durch Aufmodulation von Struktur- und Klangträgergruppen reale – oder auch imaginäre – Klangbilder herauswachsen, die, innerhalb eines sich allmählich wandelnden Spektrums, vom Ohr verschieden zusammengesetzt und im Gesamt-Raster eingeordnet werden können."[74] Musik muß auch Spaß machen, und dafür sorgt Hans-Karsten Raecke mit seinen kuriosen selbstgebauten Instrumenten.

Darius Milhaud

Der Ochse ist ein Tier, das durch Menschenhand und zum menschlichen Nutzen elementarer Körperteile beraubt worden ist – gewissermaßen ein animalischer Eunuch. In einem Klavierstück des französischen Komponisten Darius Milhaud (1892 – 1974) scheint der Ochse aus Ärger über seine "Entmannung" und die entgangenen Liebesfreuden buchstäblich aufs Dach gestiegen zu sein; jedenfalls drängt sich diese Interpretation dem auf, der Milhauds stilistisch schwer einzuordnendes Werk "Le Boeuf sur le toit" (1919) hört. In diesem Stück verarbeitet der Komponist, ein Mitglied der "Groupe des Six" (zu ihr gehörten außerdem Georges Auric, Louis Durey, Arthur Honegger, Francis Poulenc und Germaine Tailleferre) lateinamerikanische Tanzmusikformen wie Tango und Samba zu einer phantasievollen "Cinéma-Fantasie". Die einzelnen Tänze, die durch ein rondoähnliches Thema miteinander verknüpft sind, wirken wie die Untermalung eines Stummfilms aus der Pionierzeit des Cinematographen, und so ist das Stück wohl auch gemeint. In seiner Uraufführung von 1920 wurde "Le Boeuf sur le toit" allerdings als Ballett präsentiert, für das der Dichter Jean Cocteau eigens eine Farce geschrieben hatte; die Szenerie ist eine amerikanische Bar, in der die Gäste mit surrealistisch wirkenden akrobatischen Bewegungen tanzen.

Milhaud bedient sich hier des Kompositionsprinzips der Polytonalität, also des gleichzeitigen Erklingens verschiedener Tonarten. Die brasilianischen Folklorestücke und Lieder des Karnevals von Rio de Janeiro fügen sich zu einem rhythmischen Ganzen mit dem Charakter eines Ragtime. "Die Wirkung ist in diesem besonderen Falle vergleichbar mit den Zufallsklängen, die auf einem Jahrmarkt das gleichzeitige Spiel zweier Orchestrions oder Karussells in verschiedenen Tonarten hervorruft."[75]

Das Multitalent Milhaud komponierte Werke der verschiedensten Stilrichtungen; zu seinem Œuvre zählen ebenso Bühnenwerke wie Violin- und Cellokonzerte, Sinfonien, Ballett- und Filmmusiken. Die Vitalität, mit der der "Ochse auf dem Dach" tanzt, ohne je abzustürzen, läßt den Gedanken an seine fatale Amputation verblassen; so wird er zum positiven Gegenbild der dressierten Zirkuskreaturen. Wie fröhlich kann Musik sein, die, innovativ und fernab jeder Romantik, alle Stil- und Genreketten sprengt!

19

Aciiiiiiiiid

Unsere kurze Reise durch die Welt der geräuschvollen Musik und des musikalischen Geräuschs wäre nicht vollständig ohne einen Abstecher in die Gefilde der populären "Acid"- und "House-Music" der achtziger und neunziger Jahre dieses Jahrhunderts.

Die aggressiven, häufig stereotypen und bisweilen penetranten Klänge, die vor allem von schwarzen Musikern und Musikgruppen hergestellt werden, stellen im Bereich der musikalischen Geräusche und ihrer Weiterentwicklung einen besonders wichtigen Meilenstein dar. Alles fing ganz harmlos an, als die schwarzen Ghettobewohner der USA mit ihren riesigen tragbaren Soundsystemen ("ghettoblaster") auf die Straße gingen und ihre neuartige Musik "Rap" nannten. Bis heute ist eine ständige Radikalisierung dieser musikalischen Form zu beobachten, die unter immer neuen und wechselnden Bezeichnungen daherkommt: "Acid", "New Beat", "Electric Body Music", "HipHop", "Funk", "House", "Deep House". Ein knallharter Beat dröhnt in die Magengrube, die Ohren fliegen aus der Disco.

"House-Music" lebt vom Mixer, "Rap"-Musik vom Scratcher. "Gestohlene" Schnipsel aus diesem und jenem Rocksong bilden die Grundlage für eine mittlerweile fast unüberschaubare Zahl von Musikstücken, deren Urheber sich einen Teufel um das Urheberrecht scheren; hemmungslos wildern sie auf fremdem Terrain, schaffen dadurch aber auch immer wieder interessante neue musikalische Synthesen.

Ideengeber sind hier nicht mehr Instrumentalisten oder ein Produzent, sondern der künstlerisch begabte Discjockey, der vom Plattenaufleger zum gestaltenden Entertainer avanciert. Erst durch sein Scratchen und Mixen entsteht diese Live-Musik, für die die in Vinyl konservierten Klänge bloß das Rohmaterial darstellen. Der Discjockey wird zum Star, der Musiker an der Gitarre oder am Piano gerät ins Hintertreffen. Die modernen Rapper erzählen jene musikalischen Geschichten weiter, die von den "Disco"-Herolden in der zweiten Hälfte der siebziger Jahre begonnen und in vielen Fällen zu Tode geritten wurden.

Auf die "Disco"-Welle folgten die "Geräusche für die 80er Jahre" (Plattentitel). "House Music" ist zweifellos einer der originellsten Stile der modernen populären Musik. "Oberflächlich betrachtet ist es eine vergleichsweise einfache Form sich wiederholender Tanzmusik aus der Underground-Club-Szene Chicagos, aber der "House"-Sound hat die Tanzflächen der Welt im Sturm erobert und die Pop-Musik der Gegenwart geprägt. ... Öffentliches Aufsehen erregte die Musik zum ersten Mal im Sommer 1986, als eine Reihe direkt aus Chicago importierter Platten auf den 'Playlists' der einflußreichsten Londoner DJs auftauchten."[(76)]

Woher stammt nun der Begriff "House Music", der so sehr nach "Hausmusik", nach im häuslichen Familienkreis gespielter Musik klingt? Das "Warehouse" in Chicago, ein Nachtclub, der in einem alten Lager eingerichtet war, stand Pate für diese revolutionäre, ohrenbetäubende, ekstatische Musik. Tanzen bis zum Zusammenbruch lautete die Devise der Clubbesucher. Wem das zu wenig war, der versorgte sich darüberhinaus mit Drogen. Die unmittelbar auf den Körper zielenden Rhythmen und Klänge waren die Antwort auf die dahinsiechende Rockmusik, die gegen Ende der siebziger Jahre die internationale (Pop-)Musik-Welt dominierte, in der der Bombast-Rock und die konzertanten Darbietungen "künstlerisch wertvoller" Gruppen wie Pink Floyd, Yes oder Genesis viele Zuhörer in Langeweile und Agonie stürzten und in der die "Disco"-Musik zum schicken Party-Entertainment geworden war, ohne die Kraft und Radikalität des "HipHop" vorwegnehmen zu können.

In dem Titel "Beat Dis" von *Bomb The Bass* sind die Beat-Box und die Scratch-Technik, die elementaren Gestaltungsmittel der "House"-Musik, sehr gut zu identifizieren. Außerdem läßt sich hier erkennen, wie kreativ die Produzenten der "House Music" mit Mixing und Sampling, dem wichtigsten technischen Hilfsmittel für ihre musikalischen Raubzüge, umgehen. Die Beat-Box-Geräusche, die sich durch das gesamte Stück ziehen, wirken allen Vorurteilen zum Trotz auf das Ohr des Zuhörers keineswegs schmerzhaft.

Doug E. Fresh & The Get Fresh Crew verarbeiten in ihrem Song "Crazy 'Bout Cars" die Geräusche von Automobilen, wobei sie allerdings nicht so radikal vorgehen wie ein Barney Wilen oder ein Gerhard Rühm; die Geräuschkulisse dient ihnen lediglich zur Illustrierung ihres Themas. Das Ausdrucksmittel Geräusch wird hier lediglich als "Akzent" eingesetzt, anders also als bei Wilen und Rühm, die mit dem Autolärm tatsächlich "komponiert" und sich *in-*

haltlich mit Geräuschen und Lärm auseinandergesetzt haben. Nun sind Wilen und Rühm zweifellos nicht die Vordenker des "Hip-Hop", aber der Vergleich mit ihrem Werk macht doch deutlich, wie sehr vor allem die Geräusche des Transportmittels Nr. 1 Komponisten unterschiedlichster Couleur immer wieder angeregt haben, sich mit diesem Bestandteil unserer "mobilen Kultur" zu beschäftigen.

Die Künstler der "Rap"- und "House"-Szene arbeiten unter den phantasievollsten Pseudonymen, und ständig kommen neue hinzu, unter deren Namen die modernen Lärm- und Geräuschkaskaden die Welt überfluten: *The Beastie Boys, Run DMC, LL Cool J, Public Enemy.* Die Stars der Szene erobern mit immer neuen und immer frecheren Soundplündereien die internationalen Hitparaden.

Der Wirrwarr der Stile und Stilfusionen ist jedoch auch für den Kenner kaum noch zu entflechten. Ständig werden wir mit "alternativen" Versionen ein und desselben Stücks konfrontiert. Möglich wurden diese "Mixes" durch die in den siebziger Jahren zunächst für Discjockeys aufgelegten Maxi-Singles, die heute die ohnehin rasante Entwicklung im "HipHop"-Bereich ständig weiter vorantreiben. Das schier unerschöpfliche kommerzielle Potential dieser Szene liegt in der frappierenden Kreativität, mit der ihre Ver-

Public Enemy

treter neue Hits zusammenmixen, und das moderne Aufnahmestudio ist die Quelle, aus der die am Mischpult realisierten Ideen sprudeln.

"HipHop" ist Agitation. Die Geschichten, die mithilfe der Beat-Box-Sounds erzählt werden, handeln von der Diskriminierung der Gettobewohner, von ihrer Ohnmacht, ihrer Wut und ihrem Widerstand gegen eine offen oder latent rassistische Gesellschaft. Die musikalischen Geräusche des "HipHop" haben nichts gemein mit den selbstzweckhaften Lärmorgien des "Heavy Metal"; donnernder Bass und hämmerndes Schlagzeug sind vielmehr Ausdrucksmittel, um eine Botschaft an den Mann und die Frau zu bringen. Vor allem ist hier die Formation *Public Enemy* zu nennen, die die Straßenkämpfe der schwarzen US-Bevölkerung aus den Zeiten ihrer prominentesten Wortführer Malcolm X und Martin Luther King ein Vierteljahrhundert später wieder ins öffentliche Bewußtsein und auf die internationalen Plattenteller transportiert. Ihre Militanz und, leider auch, Intoleranz gegenüber den Weißen macht einerseits deutlich, wie politisch Rockmusik heute sein kann, und zeigt andererseits die Probleme dieser Art von Agitation mit musikalischen Mitteln auf. Trotz ihrer scheinbar kaum massenwirksam vermarktbaren "message" funktionieren die Gesetze des Musikmarkts auch bei *Public Enemy;* 1988 hatte die Gruppe mit "It Takes A Nation Of Millions To Hold Us Back" einen großen Erfolg.

Auch "Acid" (in wörtlicher Übersetzung: "Säure") entwickelte sich zum Anlaß kollektiven Vergnügens. Wie viele andere Ausdrucksformen der Jugendkultur entstand "Acid" zunächst in einem kaum beachteten Freiraum, ehe die Medien darauf aufmerksam wurden und einen neuen Trend daraus machten. Zum Schlüsselwort für die gesamte "Acid Music" wurde das Attribut "tanzbar"; und Smiley, das ewig lächelnde Symbol der Bewegung, führte die enthemmten Jugendlichen durch den "Acid"-Dschungel. Schon einmal, Mitte der sechziger Jahre, zur Blütezeit der Hippie-Bewegung, hatte es eine sogenannte "Acid Music" gegeben, der halluzinatorische Wirkungen nachgesagt wurden, und auch die "Acid"-Welle, die Ende der Achtziger über die Popmusik-Szene hereinbrach, wurde in den Medien mit Drogen in Verbindung gebracht; die Chemikalie Ecstasy, eine Mixtur aus Amphetamin und LSD, stand im Ruf, Motor für die ekstatischen Ausfallerscheinungen der Jugendlichen auf den populären "Acid-House"-Parties zu sein. Und die Musik, die den Partygängern wie mit dem Preßlufthammer eingetrichtert wurde, tat das ihre, damit ihren Konsumenten die Ohren von den "Geräuschen für die 80er" dröhnten.

20 Hören, wie die Städte tönen

Im 17. Kapitel dieses Buchs ("Kurzer Trip auf elektromagnetischen Schwingungen") ist die Frage "Wie klingen unsere Städte?" im Zusammenhang mit den Stadt-Hörspielen von Bill Fontana und anderen Komponisten bereits angeklungen. Aber unsere klingenden Stadtlandschaften sind noch auf andere Weise erfahrbar; denn sie sind dokumentiert und jederzeit "abrufbar".

Im allgemeinen lernen wir fremde Städte nur auf Reisen kennen; in letzter Konsequenz erkunden wir sie als Tourist zu Fuß: das Auge blickt, das Ohr hört. Aber es geht auch anders. Der Broadway von New York und die Spielhallen von Las Vegas sind, zumindest akustisch, auch im heimischen Wohnzimmer, im Schwimmbad oder in der Eisenbahn von Hannover nach Hamburg zu erleben. Ebenso kann der Hörer den Pariser Montmartre oder die Mailänder Piazza Vetra vom eigenen Schlafzimmer aus oder auf der Kegelbahn oder in der Warteschlange vor dem Postschalter kennenlernen und versuchen, die Atmosphäre und das Einzigartige dieser Orte zu erfassen, und dies nicht bloß im Rahmen eines inszenierten Hörspiels.

Denn die O-Töne dieser und anderer Metropolen der Welt sind in modernen Tonstudios längst zu "musikalischen" Hörwelten gemischt worden. Wer will, mag diese Technik von Aufnahme und Reproduktion von Stadtklängen ausschließlich in den Werken der "Musique concrète" suchen, denn die Künstler dieses Genres arbeiten ja, wie wir gesehen haben, mit vorgefundenem Material. Diese Art der akustischen Weltreise muß jedoch immer auf einen Ausschnitt des jeweiligen städtischen Ambientes beschränkt bleiben; denn auch wenn die "Akustik" vieler Weltstädte ihren eigenen unverwechselbaren Charakter hat, vermittelt der Originalton immer nur das akustische Geschehen innerhalb der Zeitspanne der jeweiligen Aufnahme; Sekunden oder Minuten später ist die Geräuschkulisse schon wieder eine völlig andere. Sie wird somit beliebig und austauschbar und ist nicht mehr unbedingt als Klangkulisse einer bestimmten Stadt identifizierbar.

Zum ganzheitlichen Erlebnis wird der Gang durch den Geräuschedschungel erst dann, wenn der mit einem Walkman ausgestattete Hörer, der in München über die Oktoberfest-Wies'n wandert, den Klang eines Kairoer Basars im Ohr hat, oder der Walkman-Träger, der in Kairo über einen Basar spaziert, die Klänge des Oktoberfests vernimmt. Erst in solchen "kosmopolitischen" Situationen erschließt sich dem Hörer der ganze Reichtum unseres Klangplaneten, und die eine Stadt im Ohr und die andere Stadt im Blick sind erfüllt mit neuem Leben. Die akustische Konserve erweitert den Erfahrungsradius des Schauenden, und die visuellen Eindrücke des Flaneurs werden ergänzt durch das "fremde" Hörerlebnis. Die Welt wird neu gehört und neu gesehen und, vielleicht, ein wenig mehr vor dem Vergessen gerettet.

21 Anhang

1. Nachbemerkung

Die Idee zu diesem Buch entstand, als ich nach Jahren des "Nur"-Rockmusik-Hörens Zugang zu anderen musikalischen Stilrichtungen fand. Mein Interesse für die sogenannte "Neue Musik", für experimentelle Musikformen und exotische Klänge verstärkten in mir den Wunsch, meine Gedanken und Beobachtungen zu Papier zu bringen. So ist dieses Buch auch ein sehr persönliches geworden. Einige Musiker möchte ich nicht unerwähnt lassen, die mich durch ihre Arbeit zu diesem Buch inspiriert haben und die es auch verdient gehabt hätten, ausführlicher im Text zu erscheinen: Pere Ubu, Captain Beefheart, Frank Zappa, Holger Czukay, John Coltrane, Erik Satie, Stefan Wolpe, Robert Fripp, Jon Hassell, Miles Davis, Mauricio Kagel.

Der folgende "Lärmkalender" gibt ein Stück erlebter Musik wieder; er soll nicht nur das Schaffen der mir zum einen oder anderen Zeitpunkt wichtigen Künstler würdigen, sondern den Leser ermutigen, sich selber auf eigene Entdekkungsreisen durch die Welt der Musik und des Lärms zu begeben:

20.10.1970	Dutch Swing College Band (Kleve, Stadthalle)
19.03.1972	Chris Barber (Kleve, Stadthalle)
26.10.1973	Ekseption (Wesel, Niederrheinhalle)
23.03.1974	Klaus Doldinger's Passport (Emmerich, Kapaunenberg)
06.10.1974	Atlantis (Kleve, Stadthalle)
31.10.1974	The Who (Düsseldorf, Philipshalle)
05.11.1974	Eloy (Kleve, Stadthalle)
01.12.1976	Santana (Düsseldorf, Philipshalle)
21.05.1977	Jane (Emmerich, Kapaunenberg)
31.10.1977	Bob Seger (Düsseldorf, Philipshalle)
23.08.1978	Caro (Kleve, Stadthalle)
25.03.1979	Volker Kriegel (Kleve, Stadthalle)
03.07.1979	Peter Tosh (Nijmegen, De Vereeniging)
01.09.1979	Eric Burdon (Dortmund, Westfalenhalle)

18.11.1979	Robert Palmer (Nijmegen, De Vereeniging)
16.09.1980	Nina Hagen (Nijmegen, De Vereeniging)
01.10.1980	Ry Cooder (Nijmegen, De Vereeniging)
07.11.1980	Alexis Korner (Kleve, Stadthalle)
22.11.1980	Eric Burdon's Fire Department (Düsseldorf, Philipshalle)
31.10.1981	Roger Chapman (Düsseldorf, Philipshalle)
29.11.1981	Mink de Ville (Nijmegen, De Vereeniging)
06.07.1982	Mink De Ville (Nijmegen, De Vereeniging)
06.09.1982	King Crimson (Nijmegen, De Vereeniging)
05.10.1982	UB 40 (Nijmegen, De Vereeniging)
21.04.1983	Eric Clapton (Essen, Grugahalle)
29.04.1983	Grobschnitt (Kleve, Stadthalle)
16.06.1983	Louisiana Red (Kleve, Stadthalle)
13.02.1984	John Cale (Nijmegen, De Vereeniging)
16.06.1984	BAP (Xanten, Amphitheater)
18.02.1986	Sting (Köln, Sporthalle)
19.10.1986	Eurythmics (Essen, Grugahalle)
23.03.1987	Heinz Rudolf Kunze (Kleve, Stadthalle)
12.07.1987	Herbert Grönemeyer (Xanten, Amphitheater)
12.01.1988	Minimal Compact (Nijmegen, 0 42)
19.01.1988	Ted Hawkins (Nijmegen, 0 42)
31.03.1988	Dr. John (Bochum, Zeche)
17.04.1988	Bushmen Don't Surf (Nijmegen, 0 42)
22.05.1988	Mesure Pour Mesure, Pat Brothers, Far East Ensemble, Greg Osby Sound Theatre, Femi Anikulapo Kuti, Malavoi (Moers, New Jazz Festival)
14.09.1988	Black Uhuru (Oberhausen, Music Circus Blue Moon)
13.10.1988	Eric Burdon (Oberhausen, Music Circus Blue Moon)
17.11.1988	Ray Anderson (Nijmegen, De Lindenberg)
22.11.1988	James 'Blood' Ulmer & Jamaaladeen Tacuma (Nijmegen, 0 42)
02.12.1988	Fripp, fripp (Nijmegen, De Lindenberg)
28.01.1989	The Dharma Bums (Kleve, Radhaus)
16.03.1989	Jah Wobble And The Invaders Of The Heart (Nijmegen, 0 42)
28.03.1989	Front 242 (Nijmegen, De Vereeniging)
03.05.1989	Rainbirds (Bocholt, Schützenhaus)
13.05.1989	Jörg Drewing & The Human Forces, Soldier String Quartet, John Zorn's Naked City, Mitch Watkins Quintet (Moers, New Jazz Festival)
09.06.1989	Joe Cocker (Xanten, Amphitheater)
18.06.1989	Paul Simon, Ladysmith Black Mambazo, Hugh Masekela, Miriam Makeba, Van Morrison, Georgie Fame (Nijmegen, De Goffert)
11.10.1989	Die Erde, Einstürzende Neubauten (Oberhausen, Music Circus Blue Moon)
03.11.1989	Joe Jackson (Düsseldorf, Philipshalle)
07.03.1990	The Residents (Düsseldorf, Robert-Schumann-Saal)
03.04.1990	The Fall (Bochum, Zeche)
18.08.1990	David Bowie (Nijmegen, De Goffert)
28.10.1990	Laurie Anderson (Düsseldorf, Philipshalle)
22.03.1991	Robert Fripp & The League Of Crafty Guitarists (Düsseldorf, Tonhalle)
08.11.1991	fIREHOSE (Nijmegen, Doornrosje)
19.12.1991	Urban Dance Squad (Nijmegen, De Vereenigung)

2. Lärmographie

(Die Schallplatten sind in der Reihenfolge ihrer Erwähnung im Text aufgeführt.)

A. Schallplatten

John Lennon/Yoko Ono: Unfinished Music No. 2 – Life With The Lions (LP: Apple Zapple 01)
Simon & Garfunkel: Wednesday Morning 3 A.M. (CD: Sony 73370)
David Bowie: Heroes (CD: RCA 83857)
Andy Summers/Robert Fripp: I Advance Masked (LP: Polydor 2311 182)
Van Morrison: Hymns To The Silence (DoCD: Polydor 849 026-2)
Carole King: Tapestry (CD: Sony/Epic 82308)
Hannes Wader: Hannes Wader singt Arbeiterlieder (LP: Philips 6305 342)
musica futurista. Kompositionen von Francesco Balilla Pratella, Filippo Tommaso Marinetti, Luigi Russolo, u.a. (DoLP: Cramps Records Multhipla 5204 002)
dada for now. Enthält unter anderem "Veglio die una Citta" von Luigi Russolo (LP: Ark Dove 4)
Schöne Stimmen: Mirella Freni. Enthält unter anderem "Ninanana/Ninna Nanna di Modigliana" von Francesco Balilla Pratella (DoLP: Decca 6.48 275 DM)
György Ligeti: Continuum/Zehn Stücke für Bläserquintett/Artikulation/Glissandi Etüden für Orgel/Volumina (CD: Wergo WER 60161-50)
Art of Noise: The Best Of Art Of Noise (CD: China 837 367-2)
Pierre Schaeffer: Etudes/Concerts des bruits/Suite 14 (LP: Philips Prosp. 6521 021)
Pierre Schaeffer: Symphonic pour un homme seul (LP: Philips 6510 012)
Barney Wilen: Tragic Destiny Of Lorenzo Bandini (LP: MPS 15 164 St)
The Who: Tommy (DoCD: Polydor 800 077-2)
The Plasmatics: Beyond The Valley Of 1984 (LP: Stiff WOW II)
John Lennon/Yoko Ono: Unfinished Music No. 1 – Two Virgins (LP: Apple T-5001)
The Plastic Ono Band: Live Peace In Toronto 1969 (LP: EMI-Elektrola 1C 062-90877)
Klaus Schulze: Timewind (LP: Metronome/Brain 1075)
The United States Of America: The United States Of America (LP: Edsel EDCD 233)
Brian Eno: Ambient # 4 – On Land (CD: EG Records EEGCD 20)
Brian Eno: Apollo (CD: Virgin 258 192-222)
Hubert Bognermayr/Harald Zuschrader: Erdenklang (CD: in-akustik/Erdenklang 979101)
Gerhard Rühm: Das Leben Chopins und andere Tondichtungen (DoLP: Abt EB 115/116)
Karlheinz Stockhausen: Klavierstücke I – XI (CD: Wergo WER 60135-50)
Einstürzende Neubauten: Kollaps (CD: Zickzack 02517-26)
Einstürzende Neubauten: Fünf auf der nach oben offenen Richterskala (CD: EFA 02650)
Einstürzende Neubauten: 1/2 Mensch (CD: EFA 02614)
Einstürzende Neubauten: Haus der Lüge (LP: Rough Trade L 1-344)
Throbbing Gristle: Mission Of Dead Souls (LP: Fetish FR 200)
Laurie Anderson: United States Live I – IV (LP: Warner Brothers 925.192-19
Laurie Anderson: Home Of The Brave (CD: Warner Brothers 925 400-2)
John Cage: Variations I (LP: Wergo WER 60033)
John Cage: Variations III (LP: Wergo WER 60057)
John Zorn: Spillane (CD: Elektra Nonesuch 979 172-2)
John Zorn: Naked City (CD: Elektra Nonesuch 7559-79238-2)
John Cage: Works for piano & prepared piano, Vol. I (CD: Wergo WER 60151-50

John Cage: Works for piano & prepared piano, Vol. II (CD: WER 60157-50)
John Cage: Moreau (Toncassette, S-Press Verlag)
Red Crayola: God Bless The Red Crayola And All Who Sail With It (LP: Charly LIK 29)
Henry Cow: In Praise Of Learning (LP: Virgin V 2027)
Fred Frith: Step Across The Border (CD: RecRecMusic RecDec 30)
Die Tödliche Doris: Unser Debüt (LP: AtaTak WR 33)
Die Tödliche Doris: Sechs (LP: AtaTak WR 35)
minus delta t: Das Bangkok Projekt (LP/Single: AtaTak WR 21)
minus delta t: The Death Opera (TripleLP: AtaTak WR 36)
The Residents: Mark Of The Mole (CD: Torso 2614 255)
The Residents: The King And Eye (Torso)
Steve Reich: Early Works (CD: Nonesuch 979 169-2)
Luigi Nono: Como una ola de fuerzaluz (CD: DGG 4232 482)
Meredith Monk: Do You Be (CD: ECM 1336)
György Ligeti: Poeme Symphonique (LP: Michael Frauenlob Bauer MFB 008)
Hans-Karsten Raecke: Blasrohr- und Saitenmusik (LP: Selbstverlag 12941-HKR-82/1)
Darius Milhaud: Le Boeuf sur le toit (CD: Vox MW 7152)
Rap 'N House: The Hottest Trax Currently Available.
Darauf: "Beat Dis" von Bomb The Bass (LP: Dino Music 1711)
Doug E. Fresh & The Get Fresh Crew: The World's Greatest Entertainer
(CD: BCM B.C. 50-2126-46)
Public Enemy: It Takes A Nation Of Millions To Hold Us Back (CD: Def Jam 462 415 2)
Audio Tours Streetlife: New York und Las Vegas (Cassette: Bizarr Verlag 4002)
Audio Tours Streetlife: Paris und Mailand (Cassette: Bizarr Verlag 4009)

B. Film/Video

Die Tödliche Doris: Das Lügenmeer. 49 min., 1981-1987 (235 Media)
Einstürzende Neubauten: 1/2 Mensch. 55 min., 1985, Regie: Sogo Ishi
Brian Eno: Thursday Afternoon. 82 min., 1984 (235 Media)
Brian Eno: Mistaken Memories Of Mediaeval Manhattan. 47 min., 1980-1981
(Video Edition Markgraph VEM 102)
Don Allen Pennebaker: Sweet Toronto (mit John Lennon)
Laurie Anderson: Home Of The Brave. 90 min., 1986, Regie: Laurie Anderson (Arsenal)
The Residents: Moleshow/Whatever Happened To Vileness Fats. 1985 (Ralph)
Peter Sempel: Dandy. 90 min., 1988 (Pandora)
Throbbing Gristle: Destiny. 60 min. (235 Media)
Throbbing Gristle: TG Psychic Rally In Heaven. 8 min., 1981;
Regie, Kamera, Schnitt: Derek Jarman
Elisabeth Jappe (Hrsg.): d 8 Performance. 180 min., 1987, Produktion: documenta GmbH
Nicolas Humbert/Werner Penzel: Step Across The Border. 90 min., 1990
(mit Fred Frith, John Zorn) (Arsenal)
John Cage: Mushrooms et variationes. 75 min., 1985, Produktion: Axel Wirths (235 Media)
Wendy O. Williams: Bump'n'Grind (SPV)
Adrian Marthaler: Le boeuf sur le toit - Eine musikalische Parabel. 21 min., 1989 (DRS/SFB)
Peter Greenaway: Four American Composers: Meredith Monk, John Cage, Robert Ashley,
Philip Glass. 4 x 55 min., 1984,
Produktion: Transatlantic Film (Revel Guest)/Channel Four

3. Fachbegriffe

Akrostichon: aus dem Griechischen "akros" = das Äußerste, "stichos" = Vers; die Anfangsbuchstaben eines Verses oder einer Strophe ergeben, von oben nach unten gelesen, ein Wort, einen Satz oder, häufig, einen Namen.
Aleatorik: aus dem Lateinischen "alea" = Würfel; auf dem Zufall beruhendes Kompositionsprinzip, seit den fünfziger Jahren etwa von Cage und Stockhausen benutzt. Der Interpret hat die Möglichkeit, vom Komponisten vorgegebene Teilstücke neu zu kombinieren und zu erweitern.
Algorithmus: ein abgeschlossener Rechenvorgang, der sich in bestimmten Zyklen wiederholt. Mit einem A. können die Rechenschritte eines Computers definiert werden.
Eklektizismus: aus dem Griechischen "eklegein" = auswählen; verschiedenen Musikstilen oder -epochen entlehnte Kompositionselemente.
Enharmonik: aus dem Griechischen "enarmonios" = in der Harmonie; bezeichnet im temperierten System (Tonsystem in Halbtonschritten) klanglich identische, jedoch verschieden notierte Töne. Beispiel: Die Töne "cis" und "des" sind auf dem Klavier identisch (selbe Taste), die unterschiedliche Notation weist jedoch auf die verschiedenen Bezugstonarten hin. Durch Erhöhung bzw. Erniedrigung der Töne wird etwa aus einer Cis-Dur- eine Des-Dur-Tonleiter.
Feedback: englisch für "Rückkopplung"; als typischer Effekt vor allem beim Elektrogitarrenspiel eingesetzt. Dabei werden die Schallwellen eines Ausgangssignals über ein Mikrophon oder das Pickup der Gitarre in den Verstärker und das Lautsprechersystem zurückgeführt, wobei sie an Intensität noch zunehmen.
Mantra: Sanskrit für "heiliger Spruch"; bezeichnet in Indien Gebete und Verse.
Nachbrenner: Die im Abgas enthaltenen Kohlenmonoxid- und Kohlenwasserstoffanteile werden durch Sauerstoffzufuhr zur Erzeugung eines zusätzlichen Schubs für den Motor genutzt, ein Verfahren, das mit einer hohen Geräuschentwicklung einhergeht.
Oszillator: Gerät (Generator) zur Erzeugung von Schwingungen.
Polyphonie: abgeleitet aus dem griechischen "polys" = viel und "phone" = Gesang; Vielstimmigkeit im Sinne mehrerer gleichberechtigter Vokal-oder Instrumentalstimmen.
Renga: traditionelles japanisches Kettengedicht, an dem meist mehrere Dichter beteiligt sind; der erste schreibt eine Zeile, der ein zweiter, dritter, vierter usw. jeweils eine eigene Zeile hinzufügt.
Sampling: vom englischen "Sample" (Muster, Probe); elektronisches Verfahren, bei dem existierenden (musikalischen) Werken einzelne Bruchstücke entnommen und in einem Computer gespeichert werden. Anschließend sind die einzelnen Klänge und/oder Tonsequenzen jederzeit abrufbar und in beliebiger Reihenfolge kombinierbar.
Scratching: vom englischen "scratch" (Kratzer, Schramme). Durch Vor- und Zurückdrehen einer Schallplatte bei aufgesetztem Tonabnehmer entstehen "kratzende" Geräusche; besonders von Discjockeys in der Reggae- und Rap-Musik angewendet.
Sequenzer: programmierbare Steuereinheit für Synthesizer, Rhythmuscomputer und Tonbandgeräte.
Software: englisch, wörtlich: "weiche Ware"; die für eine Datenverarbeitungsanlage (Hardware) zur Verfügung stehenden Programme einschließlich Betriebssystem und anwendungsorientierter Programme.
Syntax: (Lehre vom) Satzbau.
Zwölftonmusik: von Arnold Schönberg (1874 – 1951) entwickelte Kompositionstechnik "mit zwölf nur aufeinander bezogenen Tönen". Dabei darf kein Ton wiederholt werden, solange nicht die anderen elf erklungen sind.

4. Bibliographie und Anmerkungen

(1) Morgenstern, Christian: Alle Galgenlieder. Galgenlieder. Palmström. Palma Kunkel. Gingganz. Insel, Wiesbaden 1952.
(2) Schopenhauer, Arthur: Ueber Lerm und Geräusch. In: Parerga und Paralipomena II, zweiter Teilband. Diogenes, Zürich 1977 (detebe 140/10).
(3) Schopenhauer: a.a.O.
(4) Nietzsche, Friedrich Wilhelm: Also sprach Zarathustra. In: Werke in zwei Bänden, Band I. C.A. Koch's Verlag Nachf., Berlin Darmstadt Wien., o.J.
(5) Schopenhauer: a.a.O.
(6) Rheinische Post vom 1. August 1988; mit freundlicher Genehmigung des Autors. Neue Ruhr Zeitung vom 13. März 1990; mit freundlicher Genehmigung der NRZ.
(7) Gotzen, Dr. P.: Rechtsschutz gegen militärischen Fluglärm außerhalb von Flugplätzen. In: Fluglärm. Herausgegeben von K. Oeser, J. H. Beckers, C. F. Müller. Karlsruhe 1987 (Umwelt aktuell: Bd. 19).
(8) Der Spiegel, Nr. 29/1988 (18. Juli 1988).
(9) Menschengerechte Arbeitsgestaltung. Herausgegeben vom Deutschen Gewerkschaftsbund. Redaktion: R. Birkwald. Bund, Köln 1978.
(10) Borucki, Hans: Einführung in die Akustik. B.I.-Wissenschaftsverlag, Zürich 1973.
(11) Enders, Bernd: Lexikon Musik-Elektronik. Goldmann/Musikverlag B. Schott's Söhne, München Mainz 1985.
(12) Brinkmann, Rolf Dieter: Das stille Zimmer. In: Gras. Kiepenheuer & Witsch, Köln 1970.
(13) Bernhard, Thomas: Alte Meister. Suhrkamp, Frankfurt/Main 1985.
(14) Dibelius, Ulrich: Moderne Musik I: 1945-1965 (Neuausgabe 1984). R. Piper, München 1984.
(15) Pratella, Balilla: Die futuristische Musik – Technisches Manifest. In: Apollonio, Umbro: Der Futurismus. Manifeste und Dokumente einer künstlerischen Revolution 1909-1918. Verlag M. DuMont Schauberg, Köln 1972.
(16) Pratella: a.a.O.
(17) Fubini, Enrico: Der Futurismus in der italienischen Musik und seine ästhetischen und soziologischen Auswirkungen. In: Der musikalische Futurismus – Studien zur Wertungsforschung, Band 8. Herausgegeben von Otto Kolleritsch. Universal Edition, Graz 1976.
(18) Russolo, Luigi: Die Kunst der Geräusche. In: Apollonio, a.a.O.
(19) Calvesi, Maurizio: Futurismus. Galerie Schuler, Schuler Verlagsges., München 1975.
(20) Lista, Giovanni: Klänge und Polyphonie der Stadt bei den Futuristen. In: Vom Klang der Bilder – Die Musik in der Kunst des 20. Jahrhunderts. Ausstellungskatalog, herausgegeben von Karin v. Maur. Prestel, München 1985.
(21) In welchem Maße Marinetti die heutige Musikwelt beeinflußt hat, läßt sich an einem Beispiel aus der populären Musik zeigen: Der englische Musikproduzent Trevor Horn gründete 1984 ein Schallplattenlabel namens "Zang Tumb Tuum", auf dem u.a. die Gruppe Frankie Goes To Hollywood ihre Platten veröffentlichte. Der Labelname wurde Marinettis Buchtitel "Zang-tumb-tumb" (1914) entlehnt.
(22) Prieberg, Fred K.: Musica ex machina. Über das Verhältnis von Musik + Technik. Ullstein, Berlin Frankfurt Wien, 1960.
(23) Gerhardus, Maly und Dietfried: Kubismus und Futurismus – Die Entwicklung zum autonomen Bild. Herder, Freiburg/ Breisgau 1977. (siehe darin die Abbildung 53: Umberto Boccioni, Der Lärm der Straße dringt ins Haus.).

(24) Eimert, Herbert/Humpert, Hans Ulrich: Das Lexikon der elektronischen Musik. Gustav Bosse, Regensburg 1973.
(25) Schaeffer, Pierre: Musique concrete. Ernst Klett Verlag, Stuttgart 1974.
(26) Henry, Pierre: Futuristie. Produktion: Studio Apsome/Son Re, Paris. Neufassung gesendet am 4. Oktober 1988 vom Westdeutschen Rundfunk, Köln, als Folge 6 der Reihe "Ars Acustica" (Redaktion: Klaus Schöning).
(27) Zitiert nach: Hörspiele im Westdeutschen Rundfunk, 1. Halbjahr 1990. Herausgegeben vom WDR, Köln. Das Hörspiel "Une maison des sons" wurde vom WDR am 6. Februar 1990 in der Reihe "Hörspielstudio – Komponisten als Hörspielmacher" gesendet (Realisation: Pierre Henry).
(28) Becker, Jürgen: "Hörspiel" von Peter Handke. In: Neues Hörspiel. Essays, Analysen, Gespräche. Herausgegeben von Klaus Schöning. Suhrkamp, Frankfurt/Main 1970 (edition suhrkamp 476).
(29) Handke, Peter: Wind und Meer. Hörspiele. Suhrkamp, Frankfurt/Main 1970 (edition suhrkamp 431).
(30) Mixner, Manfred: Peter Handke. Athenäum, Kronberg/Taunus 1977.
(31) Kriwet, Ferdinand: Sehtexte – Hörtexte. In: Neues Hörspiel. Essays, Analysen, Gespräche. Herausgegeben von Klaus Schöning, a.a.O.
(32) Berendt, Joachim Ernst: Plattenhüllentext zu "Tragic Destiny Of Lorenzo Bandini." MPS Records.
(33) Berendt: Begleittext, a.a.O.
(34) Tommy (GB 1974, 108 min.). Buch und Regie: Ken Russell. Darsteller: The Who, Oliver Reed, Ann Margret, Elton John, Eric Clapton, Jack Nicholson, Tina Turner, u.a.
(35) vgl. Herman, Gary: Rock'n'Roll Babylon. Perigee Books/G.P. Putnam's Sons, New York 1982.
(36) Janov, Arthur: Der Urschrei. Ein neuer Weg der Psychotherapie. Fischer, Frankfurt/Main 1973.
(37) Salzinger, Helmut: Rock um die Uhr. Verlag Head Farm, Odisheim 1982.
(38) Moles, Abraham A.: Kunst & Computer. Herausgegeben von Hans Ronge. Verlag DuMont Schauberg, Köln 1973.
(39) Andresen, Uwe: Orchester aus dem Chip – Musik ohne Musiker. In: Rock Session 8, herausgegeben von Klaus Frederking. Rowohlt, Reinbek 1985.
(40) Niemöller, Klaus Wolfgang: Aspekte einer Musikkultur im Zeitalter der neuen Medientechnologien. In: Schöne neue Welt? Über das Zusammenwirken neuer Technologien. Schriftenreihe des Innenministers des Landes Nordrhein-Westfalen, Nr. 6/1984.
(41) Behrendsen, Peter/Rüsenberg, Michael: Je größer der Apparat... Der Synthesizer in Rock und Jazz. In: Rock Session 2, herausgegeben von Jörg Gülden und Klaus Humann. Rowohlt, Reinbek 1978.
(42) Kneif, Tibor: Rockmusik. Rowohlt, Reinbek 1982.
(43) zitiert nach: Lippegaus, Karl: Die Stille im Kopf. Ammann, Zürich 1987.
(44) de la Motte-Haber, Helga: Historische und ästhetische Positionen der Computermusik. In: Musica, Heft 2/1987 (März/April 1987).
(45) Hamel, Peter Michael: Durch Musik zum Selbst. dtv/Bärenreiter, München Kassel 1986.
(46) Wiener, Oswald: Das "literarische Cabaret" der Wiener Gruppe. In: Die Wiener Gruppe. Texte, Gemeinschaftsarbeiten, Aktionen. Herausgegeben von Gerhard Rühm. Rowohlt, Reinbek 1967.

(47) Rühm, Gerhard: Text – Bild – Musik. Freibord, Wien 1984.
(48) Rühm: a.a.O.
(49) zitiert nach: Die Bibel – Altes und Neues Testament, Einheitsübersetzung. Herder, Freiburg im Breisgau 1980.
(50) "Wittener Tage für neue Kammermusik 1989", Programmheft, herausgegeben vom Kulturamt der Stadt Witten, 1989.
(51) Baacke, Dieter: Intensität als Stil. In: Schock und Schöpfung. Jugendästhetik im 20. Jahrhundert. Herausgeber: Deutscher Werkbund e.V. und Württembergischer Kunstverein Stuttgart. Luchterhand, Darmstadt Neuwied 1986.
(52) Regie: Peter Zadek. Text: Burkhard Driest nach dem gleichnamigen Buch von Kai Hermann und Heiko Gebhardt. Musik: Peer Raben und Einstürzende Neubauten. Darsteller: Uwe Bohm, Jutta Hoffmann, Susanne Lothar, Christian Redt, Heinz Schubert. Uraufführung: 6. März 1987.
(53) Surminski, Marc: Abpfiff bei "Andi". In: das nachtcafe, Nr. 3 (Frühling/Sommer 1987).
(54) zitiert nach: Hartmann, Walter: TG – Show Me Thee Bunker Darling... . In: Rock Session 6, herausgegeben von Walter Hartmann und Gregor Pott. Rowohlt, Reinbek 1982.
(55) vgl. Todomoto: Laurie Anderson – United States I-IV. Trikont, Duisburg 1984.
(56) Burroughs, William S.: Die unsichtbare Generation. In: Acid – Neue amerikanische Szene. Herausgegeben von Rolf Dieter Brinkmann und Ralf Rainer Rygulla. März Verlag, Darmstadt 1969.
(57) Danuser, Hermann: Die Musik des 20. Jahrhunderts. In: Neues Handbuch der Musikwissenschaft, Bd. 7, herausgegeben von Carl Dahlhaus. Laaber, Laaber 1984.
(58) Die "Variations"-Erläuterungen sind dem Buch "Musik-Konzepte – John Cage", herausgegeben von Heinz-Klaus Metzger und Rainer Riehm, edition text + kritik, München 1978, entnommen.
(59) John Zorn, zitiert nach: John McGuire: Spiele um des Spiels willen. In: MusikTexte – Zeitschrift für Neue Musik, Heft 23 (Februar 1988).
(60) Wilson, Peter Niklas: ...gelegentlich auch Jazz. In: NZ – Neue Zeitschrift für Musik, Juli/August 1989.
(61) Cage, John: Vortrag über nichts. In: Silence (Übersetzung: Ernst Jandl). Suhrkamp, Frankfurt/Main 1987.
(62) zitiert nach: Schöning, Klaus (Hrsg.): Hörspielmacher. Athenäum, Königstein/Taunus 1983.
(63) John Cage, zitiert nach: Hörspiele im Westdeutschen Rundfunk, 2. Halbjahr 1985. Herausgeber: WDR, Köln.
(64) Wittgenstein, Ludwig: Vermischte Bemerkungen. Suhrkamp, Frankfurt/Main 1977/1987.
(65) zitiert nach: The Red Crayola. Aus den 60ern durch die 70er in die 80er. Mayo Thompson im Gespräch mit Pete Frame. In: Rock Session 4, herausgegeben von Klaus Humann und Carl-Ludwig Reichert. Rowohlt, Reinbek 1980.
(66) vgl. den Aufsatz "The Residents" von Chris Cutler in: Rock Session 4, a.a.O.
(67) Fontana, Bill: Satelliten-Ohrbrücke San Francisco – Köln. In: Acustica International – Klangskulpturen/Sound Sculptures (Katalog; Redaktion: Gerhard Kolberg und Klaus Schöning). WDR und Museum Ludwig, Köln, zusammen mit San Francisco Museum Of Modern Art/American Public Radio. 1987.
(68) Fontana: a.a.O.
(69) Hörspiele im Westdeutschen Rundfunk, 2. Halbj. 1986. Herausgegeben v. WDR, Köln.

(70) Lindlar, Heinrich: Wörterbuch der Musik. Suhrkamp, Frankfurt/Main 1989 (st 1452).
(71) Stuppner, Hubert: Luigi Nono, oder: die Manifestation des Absoluten als Reaktion eines gesellschaftlich betroffenen Ichs. In: Musik-Konzepte 20: Luigi Nono. Herausgegeben von Heinz-Klaus Metzger und Rainer Riehm. edition text + kritik, München 1981.
(72) Interview mit Meredith Monk in: NZ – Neue Zeitschrift für Musik, Heft 6 (November/Dezember 1980).
(73) Raecke, Hans-Karsten: Selbst-Interpretation. Prospekt, o.J.
(74) ders.: Über Raster. Komposition. Prospekt, o.J.
(75) Stuckenschmidt, Hans-Heinz: Musik des 20. Jahrhunderts. Kindler, München 1969.
(76) Crosgrove, Stuart: Music is the key. Die erste Geschichte von "House". In: Chasin' A Dream – Die Musik des schwarzen Amerika von Soul bis Hip Hop. Herausgegeben von Gerald Hündgen. Kiepenheuer & Witsch, Köln 1989. (Vgl. auch Rapneck Ossi/ Ziggie Moondust: HipHop, Rap, Graffiti, Scratching, Break-Dance. Gustav Lübbe, Bergisch Gladbach 1984).

5. Namensregister